D1726276

Erika Ziegler-Stege

Ich kenn' die Welt
von ihrer schönen Seite

Zweite Auflage

Albert Müller Verlag
Rüschlikon-Zürich
Stuttgart · Wien

Für Franki – der nicht Franki heißt

1 Stich in die Lefze, schwillt rasant

Gras – Blumen – Bäume – Musik – dazu noch eine vibrierende Männerstimme – : «Ich biete dir mein Leben an, und alles, was ich geben kann – aus Lie - be!» Die Platte dreht sich, und Tessa dehnt die Arme und begleitet den Minnesänger der siebziger Jahre. . . : «Aus Lie - be!»

‹Na, schmalziger waren unsere Schlager vor zwanzig Jahren auch nicht.› Fast hätte Eva Roland, Tessas Mutter, diesen Gedanken ausgesprochen, aber sie tut es nicht, sie dreht sich um und summt leise ein Lied aus *ihrer* Zeit, aus *ihren* Träumen: «Die Liebe kam beim ersten Rendezvous. . .»

Die Liegestühle stehen weit auseinander, aber Tessa hat ein gutes Gehör! ‹Ich muß *ihr* doch mal zeigen, daß ich auf allen Gebieten etwas zu bieten habe.› Als der Sänger schweigt, singt sie: «Die Welt – sie trägt – ihr schönstes Kleid, denn für uns zwei – ist immer Mai – ist immer Frühlingszeit – die Liebe kam beim ersten Rendezvous, in meine Welt – und diese Welt – bist du!»

Mit einem Ruck hat Eva sich umgedreht und staunt in den lachenden Blick ihrer Tochter: «Du verflixte Person, kannst du Gedanken lesen?»

«Vielleicht. . .»

«Und singen kannst du außerdem. Oder hast du dir besondere Mühe gegeben?»

«Diesmal – ja!» Sie blickt aus den Augenwinkeln,

5

und ihre Mutter denkt, wie schon häufig: ‹Hätte Irmi doch etwas von Tessas leichter, unbekümmerter, netter Art, wieviel angenehmer wäre für sie das Leben›. Eva greift in die Konfektschachtel, die neben ihr auf der Wiese steht, und ruft: «Fang auf!»

«Du sollst doch nicht immer deine Geburtstagsgeschenke verteilen, sagt Vati!»

«Psst! Ausnahmsweise!»

«Die Vokabel kennen wir!»

«Du – hat nicht das Telephon geläutet?»

Auch Tessa lauscht. . . «Ja, ich lauf’ schon.»

«Wenn es wieder der anonyme Anrufer ist, dann – dann. . .»

«Dann knall ich ihm eine.»

«Wenn man das könnte! Aber es muß etwas geschehn. . .»

Als Tessa zurückkommt, sagt sie: «Stich in die Lefze. Schwillt rasant. Könnte gefährlich werden», und läßt sich wieder in den Liegestuhl rutschen.

«Dein Telegrammstil hat viel für sich, aber jetzt wüßte ich gerne Genaueres. Wer hat wen in die Lefze gestochen? Hat dir das der Anonyme erzählt? Vielleicht ist es ein Geistesgestörter?» Frau Rolands Augen werden unnatürlich groß.

Tessa schüttelt den Kopf und kraust die Stirn: «Aber Mutti! Du solltest dir keine Krimis mehr ansehn. Deine zarte Seele verkraftet das nicht. Ab heute mache ich Telephondienst! Ich leg’ den Kerl aufs Kreuz, auf die Matte!»

«Nun sag schon, was war. Schnell!»

«Vermutlich hat eine Biene einen Dackel in die Lefze gestochen. Jetzt schwillt sie an in einem Affentempo. Die eine Gesichtshälfte wird immer spanielähnlicher.» Wenn Tessa gezwungen ist, ausführlich statt im Kurzstil zu berichten, dann spricht sie deutlich wie ein Rundfunksprecher.

6

«Und du, du hast Verhaltungsmaßregeln gegeben?»

«Ja. Essigsaure Tonerde.»

«Die Leute haben sicher einen Mordsschreck gekriegt?»

«Und wie! War 'ne Frauenstimme. Der arme Hund sei so verändert, ganz apathisch – Blick, Haltung starr wie eine Sphinx... Sie fürchtet, er wird nicht stillhalten bei der Essigsauretonerdebehandlung.»

«Hast du denn nicht gesagt, daß Vati...»

«Doch, doch, ich hab gesagt, daß er unterwegs ist und daß wir nicht wissen, wann er zurückkommt. Wenn sie's nicht schafft, das bißchen machen wir schon.»

«Wir?»

«Na ja, ich, Mutt. Sie war so aufgeregt. Hatte wohl Angst, ihm schwillt die Nase zu, aber ich habe sie beruhigt, es gibt ja noch andere Wege zum Luftholen... Aber sie hat gebeten...»

«Und da konntest du nicht so ohne Trost den Hörer auflegen. Und jetzt kommt sie...»

«Ja. Möglich, daß es ebenso schnell abschwillt, wie es angeschwollen ist, haben wir doch schon erlebt... ist sicher ihr erster Hund. Das ist wie mit dem ersten Kind. Da ist jeder Piepser eine Sensation. Wenn sie ein halbes Dutzend hätte...»

«Tessachen. Wie das klingt. So erfahren und weise. Und das mit sechzehn. Erlaube, daß ich lache.»

«Dir erlaube ich viel, Mutt!»

«Auch, daß ich dir noch eine Praline an den Kopf werfe?»

«Mit Vergnügen! Und dazu eine neue Platte...»

«Du gingst vorbei...» Udo Jürgens zittert bei dem Gedanken, und Tessa begleitet ihn.

«Sag mal, wie wär's, wenn du mal eine Sprachenplatte auflegen würdest. Du wolltest doch Russisch lernen?»

«Ach – immer wenn ich mich so richtig entspanne, erinnerst du mich an harte Arbeit.»

«Aber du hast dir doch die Sprachenplatten zum letzten Weihnachtsfest gewünscht, von Onkel Frank. Wenn er nun kommt?»

«Kann ich ihn mit ‹Do ßwidanija› begrüßen, und das heißt ‹Auf Wiedersehn!›»

«Tessa!»

«Ach, hör doch mal, wie schön er singt! Er ist Musik – bis in die Fingerspitzen... Aber ich bin wirklich froh, daß ich sie habe, die Sprachenplatten meine ich. Nur in diesem Augenblick... du weißt doch, solch eine stille Stunde kommt so schnell nicht wieder. Wir müssen sie genießen und Madam einen Orden verleihen, daß sie uns hie und da dazu verhilft. Übrigens... Ach, schon wieder das Telephon.»

Frau Roland blickt auch jetzt ihrer Tochter entgegen, als sie zurückkommt. «Na, was war?»

«Mit einer Kuh stimmt's nicht. Sie frißt nicht. Hat wahrscheinlich einen Fremdkörper im Magen.»

«Du hast doch hoffentlich nicht auch da gesagt: Das bißchen machen wir schon, bringen Sie sie nur.»

«Aber Mutt, ich behandle nur Tiere unter zwei Zentner.» Tessa sieht auf die Uhr: «Und jetzt möchte ich ganz gerne ungestört sein für die nächsten dreißig oder vierzig Minuten.»

«Kann ich verstehn, denn dann beginnt die Invasion.»

Tessas Mutter blickt über den Rasen, zu den Blumenbeeten, die so gepflegt sind, wie sie es gerne sieht. Aber diese Pflege ist zeitraubend.

Als sie noch in der Stadt wohnten, hatte sie ihrem Mann bei der Arbeit geholfen. Aber sie war nicht die ideale Mitarbeiterin eines Tierarztes. Abneigung gegen Zähne, Krallen und andere Waffen der Patienten dämpften die Freude an ihrer Aufgabe. Damals war ihr keine Zeit für Liebhabereien geblieben, für Blumen, für Bücher. Groß war daher die Begeisterung gewesen, als sie vor acht Jahren dieses behäbige, alte, von Wiesen umgebene Bauernhaus, sechs Kilometer vor der Stadtgrenze entfernt, hatten kaufen können.

Nun ist alles so, wie es nach dem ersten Anschauen geplant worden war und wie es ihr gefällt. Einiges hatte man umbauen lassen müssen, aber vieles hatten sie selbst gemacht. Der Einsatz, die Arbeit war inzwischen fast vergessen... Wochenlang war Terpentin ihr Parfüm gewesen. Ölfarbe überall, auch unter den Nägeln, sogar in den Haaren. Der Mittelfinger der rechten Hand hatte sich an die Mißhandlung gewöhnt und die gefährdete Stelle durch eine Hornhaut geschützt... Damals viele Seufzer – heute, beim Zurückdenken, ein Lächeln. ‹Seit Mutti, unsere Madam, bei uns wohnt, lebe ich in dem Tempo, das mir behagt. Ich hasse die Hetze. Madam hält mir die beiden Kleinen von der Schreibmaschine, wenn ich Sekretärin sein muß, sie löst mich ab im Küchendienst, unterstützt mich bei den Näh- und Flickarbeiten und verhilft mir zu einer stillen Stunde wie dieser. Wunderbar ist das!›

Frau Eva greift wieder zu ihrem Buch. Tessa träumt in die weißen Wolken, die als riesige Burg, mit Türmen und Türmchen, hinter dem Wald stehn.

«Ach, was mir da eben einfällt... findest du eigentlich den Werner besonders nett?» fragt Frau Roland.

«Den Werner? An den habe ich jetzt am allerwenigsten gedacht. Außerdem ist er Irmis Freund. Meiner wäre er nicht. Er hat... Ha, heute ist wieder was los. Das war die Torklingel», brummt Tessa und springt auf.

Eine elegante junge Dame steht vor dem Törchen, auf dem Arm einen hirschroten Dackel. Sie grüßt, stellt sich vor und sagt: «Vielen Dank, daß ich kommen durfte. Wenn Sie ihn einmal ansehn wollen. Aber – ich meine – während der Fahrt ist es abgeschwollen. Es sah noch vor zwanzig Minuten so beängstigend aus. Den Stachel hat mein Bruder schon herausgezogen.» Die junge Dame sieht sich um: «Jürgen, komm doch bitte mal!»

Dem jungen Mann ist diese nicht alltägliche Situation sichtlich peinlich, dazu kommt noch, daß er sich nicht, wie vermutet, der Frau des Arztes gegenübersieht, sondern einem jungen Mädchen, einem ganz unerhört aparten Mädchen. Und dieses Mädchen sagt jetzt: «Kommen Sie bitte herein.»

Beim Abendessen ist die Familie vollzählig. Dr. Hans Roland, Tierarzt mit großer Praxis, ist noch nicht ganz mit seinen Gedanken zu Hause, als er sich an den Tisch setzt. Er beneidet die Menschen, für die der Feierabend schon beginnt, wenn sie sich die Hände waschen, abtrocknen und die Krawatte zurechtrücken. Beneidet er sie wirklich? Wünscht er sich ein dickeres Fell? Diese Frage hat er sich gestellt und sie mit ‹ja – und – nein› beantwortet.

Neben ihm sitzt Madam, seine Schwiegermutter. Ihm gegenüber Eva, seine Frau, dunkelhaarig, mollig und doch sehr zart wirkend. Dann kommt Irmina, Irmi genannt, die Älteste, sensibel, meist ernst, kompliziert, im Gegensatz zu ihrer um zwei Jahre jüngeren Schwester Theresia (Tessa), die vorwiegend heiter ist, das Erfreuliche nimmt, das Unerfreuliche abschüttelt. Neben Tessa Alexander, der Nachzügler, dem die Eltern nach reiflicher Überlegung eine kleine Schwester ‹besorgt› haben. Die ledige Mutter hatte das Baby nicht mit nach Hause bringen dürfen und es deshalb einem Heim anvertraut, in der Hoffnung, es werde dort von liebevollen Eltern abgeholt. Diese liebevollen Eltern hatte das kleine Mädchen schon im vierten Lebensmonat gefunden und gleichzeitig zwei Schwestern und einen kleinen Bruder, der nun nicht als verhätscheltes Nesthäkchen aufwachsen mußte. So war beiden gedient, dem kleinen Mädchen und dem kleinen Jungen.

Jetzt sind beide den Windeln entwachsen: Alexander noch nicht ganz sechs, Isabella noch nicht ganz vier.

Alexander, Lexi genannt, hat die Trotzzeit hinter sich, doch Isabella, Bella gerufen, wird noch ab und zu rückfällig. Auf den Schlittschuhen sind beide schon ebenso sicher wie auf bloßen Füßen. Da Bella sehr klein und sehr zierlich ist, stiehlt sie auf dem Eis allen die Show.

Alexander setzt gerade wieder mit vollem Mund zum Sprechen an, als er ermahnt wird: «Lexi, diese Zeiten sind vorbei! Jetzt bist du alt genug, um dich manierlich zu benehmen. Außerdem hat Vati Tessa etwas gefragt und nicht dich!»

«Immer nicht mich!» knurrt er und versucht, sich eine halbe Brotschnitte mitsamt dem Käse auf einmal in den Mund zu schieben.

Bella benutzt wieder die Finger der linken Hand als Schieber, was ihr den geseufzten Tadel: «Nimm die Finger aus dem Pudding! Wie oft muß man dir das noch sagen?» einträgt.

Tessa berichtet, daß die Schwellung der Lefze abgeklungen war, noch bevor sie mit der Behandlung begonnen hatte.

«Die verhinderte Tierärztin», spottet Irmi. Es ist kein gemütlicher, es ist ein aufreizender Spott.

Aber der Pfeil prallt an Tessa ab. Strahlend sagt sie: «Und dabei hätte ich dieses Mal so gerne geglänzt. Der Sunnyboy war fast mein Typ.»

«Was ist ein Sannibeu, Omi?»

«Ach Bellachen, ein Sunnyboy ist ein freundlicher Junge.»

«Ja, und in diesem Fall ein sehr freundlicher, großer Junge.»

«Also fast dein Typ. Den möchte ich sehen.» Irmi zieht die Mundwinkel herab.

‹Kaum zwei Jahre älter als Tessa, aber man könnte meinen, es seien ein halbes Dutzend›, denkt Madam und beobachtet Irmi unauffällig.

Tessa lacht: «Ich weiß nicht, ob der Eindruck, den ich

da habe erzielen wollen, nachhaltig genug sein wird. Wenn ja, wird er sich meine Telephonnummer merken.»

«Zuerst muß er ja schließlich einen Grund finden.»

«Aber Eva, nichts leichter als das. Er wird für eine zweite dicke Lippe sorgen.» Dr. Roland schmunzelt: «Wie war doch der Name?»

«Schmusi!»

«Schmusi? Nicht zu fassen. Schmusi heißt er?»

«Ach, doch nicht ‹er›. ‹Sie›! Die Kleine mit dem Bienenstich. Ein hübsches Dackelchen!»

«Den möcht ich sehn!» sagt Lexi.

«Ich auch!» ruft Bella.

Wenn sich die beiden Kleinen nach dem Abendbrot ausgiebig ausgetobt haben auf dem Flur, glücklich im Bett gelandet sind und aufmerksam der Geschichte lauschen, die ihnen von Omi oder Mutti vorgelesen oder erzählt wird, verbringt die restliche Familie den Abend nach Wunsch.

Das Telephon läutet. Irmi beeilt sich, da sie schon seit Tagen auf ein Gespräch wartet, das nicht kommt. «Ja, bitte? Hier bei Dr. Roland!»

Kein Echo. Ihre Enttäuschung ist noch größer, als sie sich eingestehen will, und um sie vor den andern zu verbergen, spielt sie Detektiv: «Wir müssen jetzt Telephondienst einrichten, und zwar so: jeden Tag muß ein anderer der Familie an den Apparat gehen. Vielleicht versucht der- oder diejenige, eine bestimmte Person zu erreichen.»

«Darauf bin ich noch gar nicht gekommen! Aber möglich ist es.» Eva Roland überlegt: «Bei wem ist schon aufgelegt worden? Bei dir, bei mir, bei Lexi... Also bleiben nur noch Vati, Tessa und Madam. Womöglich ist es die Honigblonde, deren Pferd so oft unpäßlich ist. Und damit es uns nicht auffällt, will sie Vati selbst sprechen!» Eva lacht. «Kinder, eigentlich ist mir nicht ums Lachen, wir müssen die Post verständigen.»

«Wir können doch nicht unser Telephon sperren lassen.» Irmis Gesichtsausdruck ist gespannt.

Dr. Roland, ein gut aussehender Mann in den besten Jahren, nur nach außen robust, liest die Zeitung und raucht eine Zigarre. Den neckenden Spott seiner Frau trägt er gelassen. Er liebt sie und alles, was zu ihr gehört: die Kinder, das erfreuliche Zuhause – und Madam. Und jetzt genießt er die Abendstunden, auf die er sich tagsüber freut.

Tessa hat sich in der Küche ihr Lieblingsgetränk gemixt und stößt die Wohnzimmertür auf. «Ist das nicht toll, Vati! Fünfundzwanzigtausend Mark! ! Eben fiel's mir wieder ein! Einfach toll, findest du nicht?»

«Von wem sprichst du?»

«Von Grischa natürlich!»

«Ist das etwa ein neuer Freund?»

«Schön wär's! Dann hätte ich ihn verkauft, für fünfundzwanzigtausend Mark! Für die Summe kriege ich ja fünf oder sechs Pferde! ! ! Stell dir vor, du hast bei einem Wurf einen Weltsieger. Und dieser Superstar bringt diesen Superpreis. Ein Deutscher Schäferhund!»

«So herzlos könntest du sein, dich von einem Tier zu trennen, nur weil es dir viel Geld einbringt», ruft Irmi vom Nebenzimmer.

Und Tessa antwortet: «Bleib doch sachlich! Der Züchter züchtet doch, um zu verkaufen, um möglichst schöne, wertvolle Hunde in gute Hände abzugeben. Und je höher der Preis, um so erfolgreicher ist er. Er kann doch stolz sein, wenn seine Tiere Spitzenklasse sind. Oder soll er weinen, wenn er statt fünfhundert fünfmal fünftausend bekommt? Nie hätte die Welt von diesem Grischa erfahren, wenn nicht. . .»

«Ich fürchte, du gibst jetzt nicht eher Ruhe, bis auch bei uns Deutsche Schäferhunde gezüchtet werden.»

«Nee, ich hab' ganz andere Pläne!»

Wieder kommt von Irmi eine zänkische Antwort.

«Dieser Grischa wird es bei dem neuen Besitzer wundervoll haben, denn jemand, der ein Vermögen für einen Hund ausgibt, der behandelt ihn doch wie ein rohes Ei.»

«Meine Damen, bitte nicht diese Lautstärke. Wenn ihr unbezwingbare Sehnsucht habt, euch so temperamentvoll zu unterhalten, dann setzt euch zusammen», ermahnt der Vater.

Das Gespräch bleibt weiter bei Hundeberühmtheiten.

«Für sogenannte Wunderrüden wurden häufig Phantasiepreise bezahlt. Nachdem Barry vom Großen St. Bernhard weltberühmt geworden war, erzielten manche Bernhardiner Spitzenpreise. So ‹Plinlimmon›, aus einer englischen Zucht; ein amerikanischer Schauspieler zahlte für ihn zwanzigtausend Goldmark», erzählt Madam. «Übrigens, Pferde sind wieder gefragt, nachdem Reiten in Mode gekommen ist.»

«Ja, bei einer Auktion erhielt der Besitzer eines Superpferdes fünfzigtausend Mark. Ein liebevoller Vater schenkte die Pferdeschönheit seiner Tochter. War als kleine Anerkennung gedacht. Seine Tochter hatte gerade das Abitur mit Erfolg hinter sich gebracht. Also – wenn das dabei herausspringt, verpflichte ich mich zähneknirschend, auch das Abitur zu machen», ruft Tessa.

Ein spöttisches Lachen aus dem Nebenzimmer und die leise Bemerkung «Materialist» veranlassen die Großmutter, wieder einmal besänftigend einzugreifen: «Gibt es nicht auch schon billigere Pferde, Tessa?»

«Natürlich, Omi. Ein Pony! Aber die schöne Zeit hab’ ich versäumt. Jetzt bin ich den Shetländern über den Kopf gewachsen, für die kleinen Pferde bin ich zu groß, und für die großen Pferde ist Vatis Geldbeutel zu klein. Ich muß mich trösten und mixe mir noch ein Glas. Wem darf ich was servieren; Vati das Übliche, Mutti das Übliche? Gut! Und du, Madam?»

«Danke, nachher.»

«Aber über Pferde reden wir noch!»

Als Tessa ihrem Vater Bierflasche und Glas in Reichweite gesetzt hat, sagt er schmunzelnd: «Überleg dir mal, wieviel Kopfschmerzen, wieviel Unruhe ich dir erspare. Wenn dein kostbares Pferd nun krank würde. Soll ich dir aufzählen, was ihm alles zustoßen kann?»

«Lieber nicht. Am Ende danke ich noch dem Schicksal, daß ich arm bin, aber glücklich.» Tessa faßt sich an die Stirn: «Fast hätte ich's vergessen, ich muß noch schnell was für die Schule... Telephon! – Ich lauf' schon.»

«Bei Dr. Roland. Ja... Ja... Ach so. Moment bitte.» Tessa schließt die Tür zur Diele: «Vati! Frau Berghadel! Die Honigblonde! Diesmal ist ihr Hund der Patient. Komisch, immer abends.»

«Ist sie wenigstens hübsch?» lacht Madam.

Herr Roland schüttelt den Kopf: «Wenn ich einem Pferd den Darm ausräumen muß, kann ich nicht auch noch darauf achten, ob seine Besitzerin hübsch ist. Sie soll gefälligst aufpassen, daß ihr Pferd keine Kolik kriegt.»

«Vielleicht *ist* sie so dusselig, oder sie stellt sich nur so an. Geh doch mal eben an den Apparat und tröste sie. Womöglich fehlt dem Hund wirklich was.»

‹Sie ist also nicht der anonyme Anrufer›, denkt Irmi... Oder doch? Sie schreckt aus ihren Gedanken auf, als Madam sagt: «Willst du dich nicht ein bißchen zu uns setzen?»

«Kann ich leider nicht, ich hab' noch etwas für die Schule zu lesen.»

«Ach richtig, du warst ja heute nachmittag mit Vati auf Patientenbesuch. Alles in Ordnung?»

«Nein, war nichts mehr zu machen. Neunhundert Mark Schaden, und die Leute sind nicht versichert.»

«Was war es denn?» fragt Madam.

«Ein Eber mußte dran glauben. Aus Eifersucht hat das Mutterschwein ihn umgebracht. Wut, nicht nur unter

Menschen, auch unter Tieren. Wieviel Kraft in der rüsselähnlichen Nase, in der Schnauze steckt, was sie damit anstellen können, zeigen die Schweine, wenn sie den hartgefrorenen Boden aufwühlen.»

Irmi ist aufgestanden. An der Wohnzimmertür trifft sie mit dem Vater zusammen.

Seine Frau ansehend, sagt er: «Ich muß tatsächlich nochmal weg, Eva. Leider.» Er seufzt.

«Ich komme mit, Vati!»

«Gut! Aber bist du denn mit den Schularbeiten fertig, Irmi? Du wolltest doch. . .»

«Den Rest mache ich nachher.»

«Hättest du keine Zeit gehabt, wäre ich mitgefahren», sagt Tessa und geht hinauf in ihr Zimmer.

Als der Wagen aus der Garage gerollt ist und das Motorengeräusch immer leiser wird, fragt die Großmutter: «Irmi zeigt sich ja auf einmal so auffallend interessiert an dem Beruf ihres Vaters. Ob sie Tierärztin werden will?»

«Vielleicht», antwortet Eva ausweichend. Doch nach einer Pause sagt sie: «Ich glaube, den wirklichen Grund für ihre Unruhe zu kennen. Ist dir nicht aufgefallen, daß man sie nicht mehr mit dem Jungen zusammensieht, mit diesem Werner? Ich habe beobachtet, wie er *Tessa* nachsah, wie er *ihren* Blick suchte. Und das scheint auch Irmi nicht verborgen geblieben zu sein.»

«Ah! Daher Irmis aggressive Art gegen Tessa.» Madam zieht die Unterlippe zwischen die Zähne, dann knöpft sie ihre grüne Trachtenjacke auf: «Mir wird heiß bei dem Gedanken, daß. . .»

«Daß Irmi Ablenkung sucht, um die erste Enttäuschung ihres Lebens. . . ich nehme an, es ist die erste große. . .»

«Ja. Tessa wird zusehends hübscher. Irmi war schon als Kind entzückend und wurde von allen verwöhnt, geradezu verhätschelt. Tessa rangierte immer hinter ihr.»

«Aber doch nicht bei uns!» ereifert sich die Mutter.

«Nein, nicht bei uns. Aber bei vielen andern. Die blauen Augen, das dunkle Haar, ihr aufgewecktes Wesen, selbst wie sie sich bewegte, alles wurde bewundert. Obwohl wir dagegen waren, es dem Kind zu zeigen... An Tessa fanden die Leute nichts zu bewundern. Es war ja auch wenig da, zugegeben. Sie benahm sich wie ein Junge, war auch bei den Nachbarsjungen beim Handball, Fußball und so als prima Kumpel gern gesehn. Und plötzlich bekommt dieses burschikos-jungenhafte Wesen mädchenhafte Formen und streckt sich. Aus dem struppigen, drallen, liebenswerten Mädchen wird ein glänzendes, schmales, ebenso liebenswertes Mädchen, das sich mit kaum sechzehn Jahren zu einer sehr ansehnlichen jungen Dame entwickelt hat, die entdeckt, daß es hübsche Kleider gibt, und zeigt, daß sie Talent hat, diese Kleider mit Schick und Charme zu tragen.»

«Und du, Madam, hast ganz schön tief in deine Tasche gegriffen, um Tessa, dein liebes, so lange unbeachtetes Enkelkind in ihren Entdeckungen zu unterstützen.»

«Jawohl, das habe ich! Aber Irmi wurde nie benachteiligt!»

«Ich weiß, so war's auch nicht gemeint. Übrigens, um nochmal auf Tessa zurückzukommen: Ich finde, seit ihr Gesicht schmaler geworden ist, hat sie Ähnlichkeit mit dir. Sogar ihre Stimme wird der deinen immer ähnlicher. Kein Wunder, daß man sie kürzlich für deine Tochter gehalten hat.»

«Das war ein Lichtblick, ich fühlte mich gleich zehn Jahre jünger.»

«Dann hast du dich gefühlt, wie du aussiehst.»

«Das hör' ich gerne!»

Frau Eva lacht: «Du bist ja auch noch nicht mal sechzig. So, und jetzt hole ich uns noch etwas zu trinken.»

«Wenn es wirklich Liebeskummer ist, wie du vermutest...»

«Vielleicht ist es auch weniger Kummer und mehr Ärger, Zorn, verletzte Eitelkeit. Jedes Alter hat seine Probleme. Hab' ich recht, Madam?»

Ein tiefer Seufzer ist die klare Antwort.

«Schon wieder das Telephon. Man müßte im Urwald leben!»

«Du hast doch Angst vor wilden Tieren.»

«Ach, das hatte ich ja vergessen.» Eva Roland geht in die Diele. «Bei Tierarzt Dr. Roland.»

Nichts, keine Antwort. Aber sie spürt, daß da jemand ist, der nur auf ihre Stimme gewartet hat. Ein scheußliches Gefühl. «Lassen Sie den Blödsinn!» sagt sie und legt den Hörer auf.

Zur selben Zeit begleitet Jutta-Patricia Berghadel den Tierarzt und seine Tochter zum Wagen.

Als das breite Tor hinter ihnen liegt, flüstert Irmi: «Wir haben ihr unrecht getan. Wenn ein Hund so würgt, sieht das für einen Laien beängstigend aus; er denkt an Gift. . .»

«Weshalb flüsterst du denn?»

«Hab' ich geflüstert? Wahrscheinlich liegt es an der Atmosphäre, an dem geheimnisvollen ‹Etwas›», versucht Irmi zu scherzen. Aber ihr ist ungemütlich.

Dr. Roland lacht sein leises, sympathisches Lachen. ‹Das geheimnisvolle Etwas!› «Ich sehe ein heruntergekommenes Haus in einem heruntergekommenen Park. Alter kann schön sein und schäbig, hier ist es schäbig.»

«Und dazu so dunkel und unfreundlich. Die hohen Bäume, die dichtstehenden Büsche, überall Blätter, die die Sonne aussperren. Ich möchte dort nicht wohnen. Nein!»

«Aber besuchen willst du sie. Du hast ihre Einladung doch angenommen.»

«Na ja, mal für ein paar Stunden. Sie hat ja eine sehr nette Art.»

18

«Wenn sie sich bloß nicht so anmalen würde. Wahrscheinlich sind nicht einmal die Haare echt.»

«O Vati! Echte, eigene Haare werden heute immer weniger gezeigt. Du mußt mit der Zeit gehn!»

«Ach, du meinst, ich soll mir auch eine Perücke kaufen? Nein, das tue ich meinen Patienten nicht an. Stell dir vor, wie die Armen erschrecken würden, wenn sie einmal zärtlich daran ziehen und haben dann gleich meinen ganzen Skalp in der Schnauze oder im Maul.»

«Schön, daß du wieder da bist.» Frau Eva drückt seine Hand, die auf ihrer Sessellehne liegt. «Was war?»

«Die Schäferhündin hat einen Riesenvogel gefressen, wahrscheinlich hat sie ihn gefunden, verendet, im Feld. Und jetzt hat sie die Federn herausgewürgt und den Kopf. Der Schnabel hat ihrem Magen wohl zu schaffen gemacht.»

«Oh, sei still! Wenn ich mir das vorstelle!»

«Stell dir lieber vor, daß ich mit dir jetzt gern ein Glas Sekt trinken würde. So unter vier Augen...»

2 Blumen für Tessa — und eine Nacht voller Unruhe

‹Ist das nicht wieder solch ein roter Wagen wie der mit dem Dackel?› Eva Roland denkt es und richtet sich auf. «Oh, mein Kreuz! – Wenn Gartenarbeit der Weg zu Jugend und Schönheit wäre, ich ginge ihn nicht freiwillig.» Dennoch verbringt sie sehr viel Zeit bei ihren Blumen, die sie pflegt.

Wie immer, wenn Lexi im Garten ist, stürmt er ans Tor, sobald sich irgend etwas zeigt.

Ein junger Mann hat eben den linken Fuß aus dem Wagen gestreckt und den Kopf hinausgeschoben, als Lexi ruft: «Wollen Sie zu uns? Sie haben aber ein hübsches, rotes Auto!»

Jetzt ist der Mann vollends ausgestiegen und lächelt dem Fragesteller freundlich zu mit dem Begleitgedanken, daß es wichtig ist, die Sympathie jedes Familienmitgliedes zu erringen, wenn man Wert aufs Wiederkommen legt. Und er legt Wert darauf. Im Augenblick ist er leider gezwungen, dem Torwächter seinen verlängerten Rücken zuzuwenden, weil er das Mitbringsel vom Rücksitz nehmen muß.

Alexander, zur Höflichkeit angehalten, reißt das Törchen auf: «Guten Tag!»

Beide Männer machen eine Verbeugung und drücken sich die Hand. Während der kleine ungeniert das weiße, ziemlich unförmige Seidenpapier mustert, das etwa so groß ist wie Muttis oder Vatis Tennisschläger, wenn er in Seidenpapier gewickelt wäre, und sich überlegt, was in dem Papier wohl sein mag, fragt der große: «Ist Fräulein Roland zu Hause?»

«Welche? Die Irmi? Oder die Tessa?»

«Ich weiß nicht... sie hatte ein Samtschleifchen im Haar. Hier oben.»

Er faßt sich auf den Kopf.

«Ah, das ist die Tessa.»

«Lexi! Führ den Herrn doch herein!»

«Ja, Mutti, aber – Tessa ist doch gar nicht da. Und nach dir hat er nicht gefragt. Ich hab' zuerst schon gedacht, es sei der Dompteur, der die Waschmaschine nachsehen kommt.»

«Monteur, Lexi, der Dompteur war im Zirkus.» Frau Roland erkennt den jungen Mann, der den kleinen erdbeklebten Finger nimmt, den sie ihm lächelnd reicht. Dann wickelt er, so schnell es ihm gelingt, das Mitgebrachte aus. «Meine Schwester schickt mich. Fräulein

Roland hatte eine so beruhigende, überzeugende Art, und sie möchte ihr noch einmal herzlich danken. ‹In Zukunft lasse ich meinen Hund nur noch von Fräulein Roland behandeln›, hat sie geschworen.»

Eva schmunzelt, unterdrückt ein Lachen und bewundert die bezaubernden Blumen. Mindestens ein Dutzend sehr langstielige Nelken. Ein teurer Bienenstich – der gute Junge soll eine Gegengabe haben. Und liebenswürdig sagt sie: «Schade, daß Sie meiner Tochter die schönen Nelken nicht selbst geben können. Wenn Sie etwas Zeit haben. . . Aber ich weiß nicht, wann sie zurückkommt.»

«Etwas Zeit hätte ich schon.»

«Gut, dann machen Sie es sich doch bequem.» Sie zeigt auf einen der weißen Sessel.

Noch ehe der Gast sitzt, hat Lexi ihm gegenüber Platz genommen.

«Nein, mein Freund, du hilfst mir schön, so wie eben.»

Alexander erhebt sich zögernd. Zu dem Gast gewendet sagt er: «Im Garten arbeiten macht Spaß. Haben Sie auch Lust? Tessa kann auch mähen, richtig mit der großen Sense.»

«Red nicht so viel. Hol lieber die große Vase. Die grüne! Nein, die blaue. Rosa und blau passen so gut zusammen. Aber geh langsam!»

Als die Blumen auf dem weißen Gartentisch stehen und Lexi gerade beginnen will, den Besucher auf Herz und Nieren zu prüfen, erscheint Irmina.

«Ach, Irmi! Guck mal, so schöne Blumen. Für Tessa!» ruft Lexi.

«Ja, von Tessas kleinstem und wahrscheinlich jüngstem Freund», beeilt sich Frau Eva zu erklären. «Von dem Dackelchen mit dem Bienen- oder Wespenstich.»

Und Irmi denkt: ‹Fast mein Typ, hatte Tessa gesagt. Meine Schwester hat gar keinen schlechten Geschmack!›

«Sie erlauben, daß ich weiterarbeite. Meine Tochter wird Sie unterhalten.»

Was sagt man in solch einem Augenblick, wenn man einen guten Eindruck machen möchte: «Wenn ich nicht helfen darf, fürchte ich, ich störe...»

«Nein, hier im Garten stören Sie nicht», versichert Lexi. «Auch im Bastelraum nicht. Soll ich Ihnen mal *mein* rotes Auto zeigen?»

«Schluß jetzt! Red nicht so viel und so schnell», sagt Irmi streng.

Aber der junge Mann kommt dem Kleinen zu Hilfe: «Dein Auto möchte ich gern sehen.»

«Jetzt haben Sie sich in etwas eingelassen», sagt Irmi und versucht ein Lächeln. «Hoffentlich haben Sie für die nächsten Stunden nicht schon disponiert.»

Auch er lächelt und läßt sich von der Kinderhand ums Haus und die Treppe hinab ziehen. «Mit schmutzigen Schuhen dürfen wir nicht durchs Wohnzimmer, deshalb müssen wir außen herum. Wie heißen Sie?»

«Jürgen Tomms.»

«Hm. Ich heiße Alexander Roland.»

‹Er muß ganz schön verknallt sein›, denkt Irmi. ‹Jeder plausible Grund, der es ihm ermöglicht, hierzubleiben, ohne uns zu stören, ist ihm recht.›

«Seine Schwester hat ihn geschickt, mit den Blumen», flüstert Frau Eva Irmi zu.

«Wenn das stimmt, heiße ich Oskar.»

«Aber es könnte doch stimmen.»

«Nein, ich glaube, so nicht. Nicht *sie* wollte Blumen senden. Da steckt *sein* Wunsch dahinter – oder davor.»

«Mag sein. Ihr werdet noch so oft Blumen bekommen, ich werde mich daran gewöhnen müssen.»

Als Tessa eine halbe Stunde später nach Hause kommt, empfängt ihre Schwester sie mit den Worten: «Im Keller wartet eine Überraschung auf dich!»

«Wieso im Keller?»

«Unser lieber Bruder...»

«Hat er was angestellt?» Noch ehe sie fragt, ob der

22

rote Wagen mit dem der Dackeldame identisch ist, läuft sie die Treppe hinab, die von der Diele aus in den Keller führt. Mit Elan stößt sie die Tür auf. Vor Staunen bekommt sie einen Silberblick. Ein Mann im Kriegsschmuck eines Indianerhäuptlings, an der Erde kauernd, halb verdeckt von einer alten grauen Decke.

«Nein, nein, nicht abnehmen!» schreit Lexi und will den jungen Mann daran hindern, die bunte Pracht abzustreifen.

‹So hatte ich mir das Wiedersehen allerdings nicht gedacht›, schießt es dem Besucher durch den Kopf, und er bemüht sich so schnell wie möglich um glatte Haare und normal hängende Hosenbeine.

«Ach, Tessa, daß du auch gerade jetzt kommen mußtest, wo Jürgen und ich so richtig schön gespielt haben. Geh wieder fort!» Und als Trost setzt er noch hinzu: «Er kann ja nachher auch mit dir spielen!»

«Das wirst *du* bestimmen, mit wem ich spiele, soweit kommt's noch! Und über den Besuch kannst du auch nicht verfügen.» – ‹Also doch *der* rote Wagen›, denkt sie und fährt fort: «Anstatt zu protestieren und zu schreien, bedanke dich mal fürs Mitspielen.»

«Ich komme wieder», tröstet der neue, große Freund und kriecht aus dem Wigwam, der aus ausrangierten Betteilen und aus defekten Matratzen besteht. Mit ein paar hastigen Bewegungen versucht er seine Haare, sein Jackett und seine Hose wieder zu ordnen, und mit einem Lächeln, das Tessa unwiderstehlich findet, sagt er: «Befehl von meiner Schwester: Blumen für die junge Dame! Dank von Schmusi! Persönliches Überreichen Bedingung! Darf ich es nachholen? Aber dazu müssen wir auf die Terrasse.»

«Komm, wir schleichen uns ums Haus herum, dann holen wir sie ’runter», flüstert Lexi, noch immer im Bann des Spiels.

«Nein, jetzt gehen wir durchs Haus. Was sollen Mutti

und Irmi denken, wenn wir hier Besuch empfangen, im Hobbyraum, den du immer so durcheinanderwühlst.»

«Aber hier gefällt es uns so gut», sagt Lexi. «Oben sprecht meistens ihr Großen miteinander.» Und dann fragt er seinen neuen Freund: «Kommst du wirklich bald wieder? Du mußt! Du hast es versprochen!»

«Aber Lexi! Du kannst doch nicht einfach dauernd ‹du› sagen.»

«Doch, der Jürgen hat's mir doch erlaubt!»

«Ja, ich habe es ihm erlaubt. Mit Vergnügen!» Und sein Blick gibt Tessa bereitwillig Auskunft über seinen Seelenzustand.

An diesem Abend ist Jürgen, der neue Freund, für Alexander Gesprächsthema Nummer eins. «Ich darf den Jürgen auch Jörg nennen, weil das kürzer ist, hat er gesagt. Und manchmal muß es ja schnell gehn, wenn man so durch die Wildnis kriecht.»

«Ja, ja, das stimmt. Aber nicht nur da, nachher muß es auch schnell gehen, wenn du durch dein Zimmer kriechst und aufräumst.»

«Quatsch, Vati! Das ist doch kein Anschleichen.»

«Der Satz klingt besser, wenn er kürzer ist. Das ‹Quatsch› mußt du weglassen.»

«Na gut. Aber weißt du, es ist schade, daß du den Jürgen nicht gesehen hast, der ist prima. Viel netter als der Werner.»

«Herr Maaßen heißt das», sagt Irmina, die Stirn gerunzelt. «Oder hat er dir auch erlaubt, Werner zu sagen?»

«Nein, hat er nicht. Aber du sagst ja auch so», verteidigt sich Lexi.

«Nein! Irmi sagt Wärni! Wärni!!» Bella stößt das ‹W› mit Schwung durch ihre Zahnlücke (seit Bella bei einem Fall einen Zahn in der Mitte des Oberkiefers eingebüßt hat, ist ihre Sprechweise besonders amüsant), und bei vollem Mund geht das nicht ohne einen Spritzer ab, der ausgerechnet Irmi trifft. Sie bekommt einen roten Kopf und gleichzeitig ‹sieht sie auch rot› und wischt der Kleinen einen ‹Strafpunkt›. Es ist ein ganz leichter Schlag, aber Bella brüllt.

«Überlaß das Strafen deinen Eltern», sagt der Vater streng.

Irmina verteidigt sich: «Wenn Bella sich mit ihrem Bruder prügelt, daß die Fetzen fliegen, brüllt sie nicht, aber ich, ich brauche sie bloß zu tadeln, dann macht sie ein Theater. Ich habe sie ja kaum berührt, nur die Haare wehten... Sie hat mir auf die Bluse gespuckt.»

«Irmi hat dich doch nur ermahnt, nicht immer mit vollem Mund zu sprechen», tröstet die Großmutter.

Bella wischt sich die letzte Träne aus dem Auge.

«Etwas mehr Sanftmut und Geduld, meine Dame, falls du dich ernstlich für meinen Beruf interessierst. Und auch als Juristin ist Geduld dir nützlich», empfiehlt der Vater und erreicht damit ein zustimmendes Kopfnicken, was nicht vorauszusehen war.

«Aber Vati, ich werde doch schon, was du bist!» erinnert der Junior.

«Du für die großen Tiere. Frauen sind – im allgemeinen – zu zart, um große Tiere zu kurieren. Dazu gehört manchmal viel Kraft. Und – aber du schaffst das schon.»

Das schmale Bürschchen wächst, seine tiefblauen Augen glänzen: «Ja, Vati, ich schaff' das schon.»

«Telephon!» Tessa springt auf. Auch Irmi ist aufgesprungen: «Das könnte für mich sein.»

Sofort bleibt Tessa zurück und läßt ihrer Schwester den Vortritt.

Kurz darauf kommt Irmi zurück: «Für keine von uns beiden.» Die Enttäuschung wird von der Genugtuung überdeckt. «Du wirst gewünscht, Mutti.»

«Wer ist's?»

«Eine Männerstimme. Eine sehr eindrucksvolle Männerstimme! Onkel Frank meldet sich zurück von der
Reise.»

An diesem Abend kommt noch ein interessanter Telephonanruf. Tessa geht an den Apparat. «Ja, bitte? Hier
bei Dr. Roland!»

«Tessa?»

«Ja?»

«Das freut mich, daß du es bist! Das freut mich sehr!»

«Werner? Moment, ich rufe Irmi.»

«Nein! Nein! Ich . . . es soll eine Überraschung für sie
sein. Könnte ich dich mal allein sprechen? Wir könnten
uns treffen, Tessa.»

«Eine Überraschung? Sag zuerst, worum es sich handelt.»

«Ich brauche deinen Rat. Wir müssen gemeinsam
überlegen. Das ist nicht mit drei Sätzen am Telephon
gesagt. Wann hast du Zeit?»

Tessa überlegt.

«Du sagst ja gar nichts», flüstert er.

«Ich muß doch erst nachdenken. . . Nein, es geht
nicht.»

«Ich weiß, was du denkst. Irmi könnte uns begegnen.
Dann haben wir uns eben zufällig getroffen. Nichts einfacher als das.»

Plötzlich kommt ihr eine Idee. ‹Ich werde mich mit
ihm treffen, und dann werde ich wahrscheinlich ganz
genau erfahren, was an dem Super-Heini dran ist, an
dem meine große Schwester einen Narren gefressen hat.
Einen überdimensionalen Narren. Ich kann ihr gar keinen wichtigeren Dienst tun, als ihn zu treffen›, denkt
sie und sagt: «Also gut, wenn es unbedingt sein muß.»

«Kannst du morgen nachmittag?»

«Muß ich erst überlegen. . . morgen nachmittag –
nein. Auch übermorgen nicht. Aber Freitag, wenn nichts

dazwischenkommt. Eigentlich wollte ich am Freitag schwimmen gehn.»

«Das paßt ja prima. Gehst du eben schwimmen. Aber statt in der Badeanstalt im See. Ich kenne eine feine Stelle. Ganz einsam. Hinter dem Bootssteg!»

«Nein!»

«Dann eben hinter dem Strandcafé.»

«Auch nicht.»

«Dann auf einer der Bänke, zwischen Strandcafé und Bootssteg.»

«Meinetwegen. Und wenn's regnet? Du nimmst doch hoffentlich nicht an, daß ich deinetwegen auch nur einen Regentropfen. . .»

«Nein, nein. Du kommst also! Bestimmt.»

«Ja, wenn nichts dazwischenkommt. Du machst es so spannend, als müßte ich dir raten, ob du ‹ihr› einen Mercedes Sport oder einen lupenreinen Zweikaräter, blau-weiß, River, zum Geburtstag schenken sollst.»

«Lach nicht, es ist auch spannend. Also – Freitag, 16 Uhr. Abgemacht!»

Mit einem vielsagenden Seitenblick fragt Frau Eva: «War es etwas Wichtiges?»

Und Tessa antwortet: «Darüber bin ich mir noch nicht klar.» Und sie denkt: ‹Auf jeden Fall werde ich ein bißchen vorsichtig sein. Aber wie? Irmi ist nervös, noch nervöser als schon so oft in letzter Zeit. Sie wartet wohl auf einen Anruf, der aber nicht kommen wird, vermute ich.› So denkt Tessa. Sie geht heute abend zeitiger ins Bett. Ungestört will sie überlegen. ‹Ob ich Madam davon erzählen soll? Mutti auf keinen Fall, sie regt sich bloß auf. Aber vielleicht ist alles ganz harmlos. Schließlich kann er mich ja nicht vernaschen oder verschwinden lassen, in den Baum werfen, wie'n Eichkätzchen, das dann weiterklettert. . . Wenn es nun doch nicht harmlos ist? Womöglich lebt er in dem Wahn, auch ich fliege auf ihn.›

Tessa versucht ihn sich vorzustellen in allen Einzelheiten, in vielen Situationen, bei Tag und bei Nacht. ‹So ein bißchen der Typ Roy Black, nur wirkt dieser Werner längst nicht so sympathisch. Nicht mal für einen Flirt wäre er mir gut genug, nicht mal für eine Spielerei... Aber – ich werde hingehn, nein, ich werde hinfahren. Ich werde sogar... ja – das ist die Idee!› – sie wirft sich auf die andere Seite. – ‹Und jetzt keinen Gedanken mehr an Irmis Idol. Schön wär's, wenn ich mich täuschen würde. Ich wünschte, er wäre wirklich ein netter Kerl, Irmis wegen. Aber jetzt wirklich Schluß.›

Tessa hat den herrlichen Nelkenstrauß auf Muttis Schreibtisch gestellt. Nur eine Blüte hat sie genommen, die vor dem Spiegel steht, in einem hohen, schmalen, uralten Sektglas.

«Darf ich Sie mal zu einem Ausflug einladen? Meine Schwester leiht mir den Wagen gern», hatte dieser Jürgen gefragt. Natürlich hatte Lexi sich sofort eingeschaltet: «Tessa fährt gern Auto! Aber sie darf noch nicht, weil sie noch nicht richtig kann. Sie hat noch keinen...» – «Führerschein, meinst du?» half Jürgen ihm weiter.

‹Bloß gut, daß Omi kam und ich ihn los wurde. Wie soll ich je einen Mann bekommen, wenn mein Bruder mir immer auf den Fersen ist? Und wenn Lexi fehlt, springt Bella, diese verflixte Puppe, in die Lücke... Wirklich ein netter Junge, junger Mann. Vor einem Jahr hat sich noch keiner nach mir umgedreht, und jetzt...› Tessa knipst das Licht aus.

Ruckhaft wird die Tür geöffnet. Isabella erscheint. Tessa macht wieder Licht.

«Du? Jetzt läufst du nicht mehr mit dem Schemelchen durchs ganze Haus, jetzt springst du hoch wie ein Ball und reichst an alle Türklinken und keiner ist mehr sicher vor dir. Was willst du?»

«Sprudel!»

«Wie heißt das?»

«Ich möchte bitte Sprudel. Oder Himbeersaft! Lexi auch.»

«Hat er dich geschickt, der Schlaue?» Tessa preßt die Lippen zusammen und zieht die Luft ein: «Also gut, ich bring' euch Himbeersaft, aber geh jetzt sofort ins Bett!! In dein Zimmer und in dein Bett! Du. . .»

«. . . verflixte Puppe», vollendet Bella den Satz. Mit einem siegreichen Lächeln saust sie davon.

Irmina hat eine unruhige Nacht. Quälende Gedanken umklammern sie wie eine Schlange, die sich immer enger um sie legt und sie zu ersticken droht. Sie kann den Blick nicht vergessen, mit dem Werner Tessa angesehen hat. So, als entdecke er plötzlich etwas ganz Neues. Tessa, die jungenhafte Schlaksigkeit in Person, hat sich fast von einem Tag zum andern verändert. Als sie mit Madam aus der Stadt kam, mit einer neuen Frisur und in einem raffiniert schicken Trachtenkostüm, fiel es auf. Und dann – das rote Kleid, mit der schmalen Rüsche unter der Brust. ‹Unsere Madam weiß, wie man seine Reize zum Blickfang macht, und das weniger Reizvolle geschickt kaschiert. Und es hat sie gelockt, aus dem Nichts etwas herauszuholen. . . Unsinn, wo nichts ist, ist auch nichts zu holen. Bei Tessa ist was, wie man sieht, und das hat auch Werner bemerkt. Wie ungeschickt von ihm, es in meiner Gegenwart zu zeigen. Oder hat er geglaubt, wenn man so verliebt ist wie ich, ist man blind?›

Irmi steigert sich in Wut. ‹Jetzt, nachdem er bei mir alles erreicht hat, bin ich ihm vielleicht nicht mehr interessant genug, nicht mehr neu genug. . . Er soll sich hüten. . . Ach, ich phantasiere. . . Er liebt mich. Soll er ruhig meine kleine Schwester hübsch finden. Die besser Aussehende bin ich.›

Und dann taucht der junge Mann in ihren Gedanken auf, der Tessa Blumen bringt – und dann ein verwahrloster Park – und ein Apfelschimmel, ein schönes Pferd mit dem eindrucksvollen Namen ‹Karat› – und eine Frau, die offensichtlich Wünsche hat, die sich wohl kaum erfüllen werden. Und eine Schäferhündin, die hastig Verschlungenes, Unverdauliches herauswürgt. Und die Schule – und der letzte Ärger – und wieder Werni... Schon fast eine Woche hat er nicht angerufen... Was mag bloß sein? ‹Ich muß mich zwingen, gelassener zu werden, Geduld zu haben, Vati hat recht. Wenn er wüßte...›

Auch für Tessa ist die Nacht voller Unruhe. Vor dem Einschlafen hat sie die Verabredung noch einmal überdacht und sich vorgenommen, auf jeden Fall die kleine Trillerpfeife mitzunehmen. ‹Ich werde sie mir an meine dünne, lange Kette hängen. Da ist sie griffbereit. Kann man wissen, ob der Junge verrückt spielt, mit Umklammern und Tuchfühlung und mehr?›

Dann lacht sie: ‹Tessa, gutes Kind, du solltest nicht mehr so häufig zu Helga gehn, die keinen Krimi ausläßt, du siehst ja jetzt schon Gespenster und Gangster. Diese heimliche Verabredung, geflüstert, da steckt doch was dahinter. Ob ich mir die Gaspistole mitnehme? Sie liegt im Wagen, im Handschuhfach.›

Schließlich schläft Tessa ein. In wilden Träumen wird sie gezwungen, von der Schußwaffe Gebrauch zu machen.

‹Schieß nicht! Bitte nicht!› schreit Adam. ‹Ich wollte ja nur von dem Apfel probieren, den du mir gezeigt hast!›

‹Lüg nicht! Ich hab' dir keinen Apfel gezeigt!›

‹Aber ich hab' ihn doch gesehen! Und ich will ihn haben!›

‹Finger weg! Finger weg, hab' ich gesagt!› Ein dezenter Knall, und Adam stürzt. Er stürzt sehr lange, und dann spritzt Wasser hoch, bis hinauf zu den Klippen. Wasser, kaltes Wasser... und Tessa wacht auf.

Sie reibt sich die Augen. ‹Donnerwetter! Gut gezielt ist halb getroffen. War ganz schön aufregend. Ich muß mich stärken.› Hinter der Wäsche hat sie ihre Vorratskammer. Ein bißchen von allem, Plätzchen, Pralinen, Bonbons, Salzstangen, Paprika-Chips und einiges mehr. Sie steckt sich eine Cognacbohne in den Mund... ‹Am besten wär's, ich ginge gar nicht hin.›

3 Noch einmal schrillt die Trillerpfeife

Ein Mittag, wie er sonniger nicht sein könnte. – Tessa beeilt sich mit dem Essen, um schnell an ihre Schularbeiten zu kommen. Zwei Stunden später hat sie das Wichtigste für die Schule getan. Sie läuft die Treppe hinab, und wie sie es sich gewünscht hat, trifft sie auf ihre Großmutter. Zärtlich sagt sie: «Madam, dear, ich möchte mir heute mal kurz Vatis Roller ausleihen. Er ist doch mit dem Wagen weg.»

«Ja – lieber wär es mir allerdings, du würdest Mutti fragen. Aber sie ist auch weg.»

«Das paßt ja prima!» Die Worte sind ihr herausgerutscht und leider nicht mehr zurückzurufen.

«Wieso?»

«Na ja, wenn Mutti da wäre, müßte ich womöglich helfen, irgend was helfen, du weißt doch.»

«Tessa, spielst du mit mir?» Lexi kommt angerannt. Er weiß, daß die großen Schwestern absolut ‹tabu› sind, solange sie Schularbeiten machen. «O Tessachen, spiel mit mir!»

«Kann ich nicht. Aber – du könntest mitkommen, wenn du willst.»

«Klar will ich!! Omi! Darf ich mit?»

«Wenn Tessa mir verspricht, sehr vorsichtig zu fahren.»

«Das verspricht sie dir!» erklärt Lexi.

Und Tessa verspricht es und denkt: ‹Es läuft alles so glatt, als habe ein geschickter Regisseur das Spiel inszeniert. Der Vater auf Patientenbesuchsfahrt, Mutti mit Bella in die Stadt gefahren, Irmi in ihrem Zimmer eingekapselt, da sie ihren Kummer kaum noch verbergen kann.›

«Zieh dir eine Jacke an, Lexi», ermahnt die Großmutter. «Und du fährst auch nicht, ohne dir etwas überzuziehen, Tessa. Der Fahrwind... Und du weißt, was du mir versprochen hast: vorsichtig zu fahren.»

«Ich halte, was ich verspreche!»

«Gut! Und wohin willst du?»

«Ein bißchen nach der anderen Seite. Vielleicht zum ‹Seeblick› hinüber.»

«Seht zu, daß ihr um 6 Uhr zu Hause seid.»

«Bestimmt» Ein schneller Blick auf die Uhr: 15 Uhr 40.

Als der Wind um Tessas Wangen streicht und ihr die Haare aus der Spange zieht, freut sie sich fast ein wenig auf das Abenteuer, das im Traum so turbulent war. ‹Ich werde ihn testen, und wenn er wirklich ein netter Kerl sein sollte und Irmi wirklich liebt, dann nehme ich alles zurück, den blöden Heini und alle anderen Schmeicheleien, mit denen ich ihn in Abwesenheit ausgezeichnet habe. Vielleicht will er tatsächlich meinen Rat, womit er Irmi eine Geburtstagsfreude machen kann. Oder er hat sonst etwas auf dem Herzen, sich womöglich mit ihr verkracht, und ich soll Vermittler spielen? Das wird es sein!› Im hellen Tageslicht kommen ihr die Nachtgedanken grotesk vor. Eingeflüstert, aufgebauscht, entstellt von frechen Kobolden.

Bevor sie in die Allee einbiegt, die zum See führt, hält sie an und kauft zwei Beutel Bonbons. «Einen für dich und einen für mich. So, und jetzt paß mal haarscharf auf, Lexi! Ich treffe jetzt den Werner, den kennst du ja.»

«Och, den?! Weshalb triffst du nicht den Jörg?»

«Hör zu! Und unterbrich mich nicht! Alles, was ich dir jetzt sage, muß ein Geheimnis bleiben zwischen dir und mir. Kannst du ein Geheimnis für dich behalten, so wie vor Weihnachten?»

«Ja, das kann ich!» Seine dunkelblauen Augen schwören.

«Versprichst du mir, daß du nicht erzählst, wen wir getroffen haben? Nicht eher, bis ich sage, daß du's erzählen darfst. Kannst du das versprechen?»

«Ja, das kann ich versprechen.» Er nickt eifrig.

«Du weißt ja, daß man halten muß, was man verspricht.»

«Klar weiß ich das, Tessa.»

«Also gut. Du bleibst da sitzen, wo ich dich jetzt hinsetze. Hier hast du eine Trillerpfeife. Deine, die ich dir mal geschenkt hab', hast du ja sicher längst verloren.»

«Nein, Bella hat ihre verloren. Meine hab' ich noch, aber sie ist kaputt.»

«Also nimm diese. Nun hör gut zu: Wenn ich pfeife, dann pfeifst du auch, und zwar so toll du kannst. Aber nur, wenn ich pfeife. Es könnte ja sein, daß mir etwas nicht gefällt, und dann pfeife ich – und du sollst mir Antwort geben, damit ich weiß, daß du mich gehört hast. Verstehst du? Nur Antwort geben, sonst nichts.»

«Ja, das versteh' ich!» Lexis dunkelblaue Augen, sein kleines Gesicht, das selbst in sonnenarmen Monaten seine warme zartbraune Tönung nicht ganz verliert, sind voll gespannter Aufmerksamkeit auf seine große Schwester gerichtet. «Und weshalb ist Irmi nicht hier, wenn doch der Werner hier ist?»

«Er will etwas mit mir besprechen, wegen Irmis Geburtstag. Vielleicht auch noch was anderes. Ich weiß es selbst noch nicht. Aber ich werd' es ja gleich erfahren, und ich sag' es dir dann hinterher. Aber er braucht nicht zu wissen, daß ich dich mitgebracht hab', das wär ihm vielleicht nicht recht.»

«Ach so. . .»

«Du setzt dich einfach hinter eines von den Tännchen, so daß du uns sehen kannst, er dich aber nicht sieht.»

Lexis Blick wird immer größer. Schließlich sagt er: «Du, das ist ja wie im Fernsehen.»

«Ah, Freundchen, warst du wieder Fernsehen bei Benno? Du weißt doch, daß Vati das nicht will!»

Tessa sieht auf die Uhr. «Jetzt schnell. Und wiederhole noch mal. Wann sollst du pfeifen?»

«Nach dir!»

«Richtig. Wenn du mein Pfeifen hörst, dann pfeifst du als Antwort. Siehst du die Bank dort? Vielleicht setze ich mich auch auf den Baumstumpf. Kannst du ja beides sehen von hier aus.»

«Weshalb gehst du denn nicht lieber nach der anderen Seite? Hinten im Café gibt es doch feinen Kuchen.»

«Das sag' ich dir alles nachher. Jetzt setz dich oder knie dich. Kannst auch stehen, aber paß auf, daß man dich vom Weg aus nicht sieht.»

«Aber bleib nicht zu lange weg, Tessachen.»

«Nein, Lexi, und du kannst mich ja sehen. Du läßt mich ja nicht aus den Augen!»

Diesen Wunsch – oder ist es ein Befehl? – befolgt Lexi genau. Tessa geht wieder auf den Weg zurück. Und ein Weilchen später sieht er, wie sie den Roller in die Nähe des Baumstumpfs schiebt. Und dann setzt sie sich.

Während der Kleine umherspäht und es nicht erwarten kann, auf Tessas Pfiff mit aller Kraft zu antworten, kommt ein junger Mann in heller Sportjacke vom Seeweg herauf.

‹Donnerwetter, hat er sich schick gemacht. Die Jacke, letzter Schrei. Wie aus der Zeitungsreklame. Er gibt sich Mühe, der Junge, wie bei Irmi in der ersten Zeit. . .

Nur bin ich nicht so einfältig, zu glauben, daß so viel Mühe meiner schönen Seele gilt.› Tessa wartet, bis er sie entdeckt.

«Ach, da bist du schon! Superpünktlich, ist das ein Pluspunkt für mich?»

«Wenn du an Märchen glaubst.»

Ihr Lächeln ist umwerfend. Unglaublich, wie man sich so schnell zu seinem Vorteil verändern kann. Er streckt die Hand aus: «Du bist bezaubernd, Chérie!»

«Den Song kenn' ich. Vom letzten Festival.»

«Spotte nicht. Du persönlich bist gemeint. Komm, wir setzen uns hierher!»

‹Hinter dem Strauch kann man vom Seeweg nicht gesehen werden. Schön, daß es heute so leer ist. Ab und zu mal einer, der seinen Hund ausführt oder sein Enkelkind. Das wird anders werden nach Geschäfts- und Büroschluß. Diese Stille kommt mir sehr gelegen. Wie verschieden die beiden sind. Mit schönen Reden erreicht man hier nichts. Vielleicht will sie Taten sehen. Man muß es ausprobieren.›

Die kleine Konfektschachtel, die er ihr in den Schoß gelegt hat, liegt jetzt neben ihr im Gras. Auf dem breiten Baumstumpf, mit Tuchfühlung zu ihr, versucht er angestrengt, sich etwas einfallen zu lassen... Sein Blick fällt auf ihren Hals und auf das hauchdünne Goldkettchen, das in den Ausschnitt hineinhängt. «Darf man wissen, was du da an internem Ort für ein Geheimnis hütest?» Er greift nach der Kette, berührt ihre Haut.

Aber bevor er die Kette hochziehen kann, hat sie ihn auf die Hand geschlagen. «Meine Geheimnisse sind uninteressant für dich! Bleib sachlich! Irmis wegen sind wir hier.»

Er ist zurückgezuckt: «Du schlägst ja!»

«Wenn's sein muß!»

«Manchmal hast du einen Telegrammstil, der mich reizt.»

‹Er spricht von Stil und seine Augen hängen, kleben an meinem Pulli, schätzungsweise zwanzig Zentimeter unter dem Hals. Es ist nicht anzunehmen, daß er nur die schöne Farbe bewundert›, denkt Tessa und lächelt.

«Mona Lisa konnte es auch nicht besser», sagt er und blickt jetzt auf ihren Mund.

«Wenn das so ist, muß ich mir auch eine Alarmanlage zulegen.»

«Alarmanlage?»

«Im Louvre, letztes Jahr... Manch einer wär' gern hinter die Absperrkordel gekrochen. Aber – die Alarmanlage... Haha!»

«Ach ja, du warst ja in Paris! Hast Erfahrungen gesammelt. Auf dem Montmartre, bei Nacht...»

«Ich sprach vom Louvre – bei Tag.»

«Tessa, tust du nur, als wüßtest du nicht, was ich will, oder weißt du es wirklich nicht?»

«Was schwebt dir eigentlich vor?! Willst du meine Pläne, meine Hobbys kennenlernen? Ich habe welche! Reiten möchte ich, zum Beispiel, und dazu gehört ein Pferd. Um meine Wünsche zu erfüllen, müßtest du dich schon ganz schön abstrampeln.»

Seine Augen sind immer größer geworden, sein Mund hat sich geöffnet, und beides wirkt nicht hinreißend, stellt Tessa fest.

«Materiell, raffiniert und dazu noch das Sündhafte in Person! Du!»

«Denk an die Absperrkordel!»

«Die überspringe ich! Dahinter wird es erst interessant.» Blitzschnell faßt er zu, hält mit beiden Händen ihre Arme fest und preßt seine Lippen auf ihren Mund.

‹Jetzt kann ich nicht an die Trillerpfeife, und rufen kann ich auch nicht. Was mache ich bloß?› Mit aller Kraft versucht sie loszukommen, reißt ihren Körper zur Seite und rutscht ab, ins Gras, er über ihr.

Da stößt der harte Ton einer Trillerpfeife durch die

Stille. Und noch ein Pfeifenstoß! Und noch einer! Werner springt auf. Was ist das? Man könnte glauben, wir sind eingekreist? Diese Frage ist deutlich in seinem Blick zu lesen.

Tessa richtet sich auf: «Verschwinde! Wenn du dich nicht lächerlich machen willst. Noch lächerlicher.»

«Eine abgekartete Sache also. Du Hexe! Das vergeß' ich dir nie!» Sein Gesicht ist verzerrt vor Wut.

Wieder die Trillerpfeife.

Das superschicke helle Jackett, an das sich Moos, Blätter und Tannennadeln geheftet haben, verschwindet hinter Forsythienbüschen und Essigbäumen.

Tessa rappelt sich hoch, zieht ihren Pulli zurecht, streift sich den Rock sauber und versucht, ihre Haare glatt zu streichen. Nimmt ihren Roller hoch und denkt: ‹Ich könnte heulen, aber ich will nicht. Ich werde lachen. Wie verrückt mein Puls jagt. Jetzt bloß hier weg...›

«Tessa! Tessa!»

«Ja, sei leise.»

«Schimpf nicht!»

«Weshalb?»

«Weil du doch gesagt hast, ich darf nur pfeifen, wenn *du* pfeifst. Aber ich hatte Angst! Der wollte dich ja hauen! Das sag' ich aber Mutti.»

«Darüber sprechen wir nachher. Jetzt schnell weg. Womöglich...»

An Lexis aufgerissenen Augen sieht Tessa, daß hinter ihr etwas vor sich geht. Was mag das sein? Sie dreht sich um, und vor ihr steht ein Polizeibeamter. Er grüßt. «Haben Sie vielleicht eine Ahnung, wer hier diesen Krach gemacht hat?»

«Krach gemacht?» fragt Tessa.

Lexi senkt den Blick.

«Ja. Jodelt hier einer mit der Trillerpfeife, wie... wie... Großalarm ist nichts dagegen. Wenn ich den Kerl erwische. Das ist grober Unfug.»

Tessa könnte jetzt zustimmend nicken, tun, als wisse sie von gar nichts, und mit einem höflichen Gruß ihren Roller besteigen, doch sie wählt den unbequemeren Weg. «Aber Trillerpfeifen gibt es doch in jedem Spielzeugladen. Und wenn die Kinder zu Hause nicht jodeln dürfen – wo sollen sie dann? Leider gibt es hier weit und breit keine Prärie.»

Der Beamte faßt an seine Mütze, dazu eine kleine Verbeugung, die ihm leicht fällt einem so reizenden Mädchen gegenüber: «Danke für die aufklärende Auskunft. Und das nächstemal doch besser zu Hause. Vielleicht im Keller...?»

«Dann kriegen die Mäuse einen Nervenzusammenbruch», antwortet Tessa und beantwortet gleichzeitig sein nettes Lächeln.

Als sie in die Hauptverkehrsstraße einbiegt, zwingt sie sich zu absoluter Konzentration. ‹War ein bißchen viel, heute nachmittag, aber jetzt nicht daran denken. Arme Irmi. Nein, jetzt nicht daran denken... Wenn Mutti bloß nicht zu genau fragt. Und mit Lexi muß ich noch sprechen, diplomatisch, ganz diplomatisch. Jetzt nicht daran denken... Wie er mich ansah, zornig, viel schlimmer noch: haßerfüllt. Das vergeß' ich dir nie. Nein, jetzt nicht daran denken... Wenn sie mir ansehen, daß etwas nicht stimmt, daß etwas war... Mittelpunkt sein womöglich, und nicht ausweichen können... Wenn dieser Tag schon zu Ende wäre...›

Zur selben Stunde sitzt Jürgen seiner Schwester gegenüber. Der Dackel hat wie immer die erste Gelegenheit benutzt, ihm auf den Schoß zu springen.

«Ja, ja, jetzt hast du dir diesen Sonderplatz wirklich verdient, denn ohne dich keine Tessa, und ohne Tessa kein glücklicher Jörg. Wie habe ich das gesagt, Andrea?»

«Frag mich nicht. Gieß mir lieber einen Likör ein. Kirsch, bitte!»

«Und ich werde einen Cognac nehmen, wenn du erlaubst.»

«Das erlaube ich gern, aber verschone mich mit so beunruhigenden Plänen.»

«Liebe Andrea, ich muß leider feststellen, daß du dich zum erstenmal weigerst, deinem lieben Bruder eine Stütze zu sein.»

«Weil du zum erstenmal blind darauf losrast, obwohl du die Straße nicht kennst. Du kannst dir den Hals brechen, und davor möchte ich dich bewahren.»

«Daß du nicht einsehen willst, daß ich etwas riskieren muß. Nicht unbedingt den Hals, aber immerhin etwas riskieren. Die Möglichkeit, daß ein anderer vor mir durchs Ziel gehen könnte, besteht doch, das mußt du doch zugeben. Und der Gedanke an diese Möglichkeit läßt mich nicht ruhig schlafen.»

«Du kannst sie ja mal einladen, kannst mit ihr ausgehen, aber deshalb doch nicht gleich eine feste Bindung anstreben. Man denkt nicht schon an Verlobung, wenn man einen Menschen zweimal – ganze zweimal – erlebt hat. Zugegeben, sie ist von angenehm handfester Natürlichkeit, sieht reizend aus und scheint aus nettem Elternhaus zu kommen.»

«Alles Pluspunkte.»

«Stimmt. Aber sie genügen nicht. Das Näherkennenlernen ist wichtig. Im übrigen – hast du noch nicht daran gedacht, daß sie – falls sie genau so fasziniert ist von dir wie du von ihr – auch an diese beunruhigende Möglichkeit denken wird?»

«Na eben, und diese Beunruhigung muß ich von ihr nehmen.»

«Du bist hoffnungslos, Jörg, zum erstenmal völlig hoffnungslos... Und deshalb wird es auch keinen Sinn haben, dich daran zu erinnern, daß Barbara dich sehr gern mag. Und daß sie auch ein hübsches Mädchen ist, dazu einziges Kind reicher Eltern.»

Jürgen gibt seiner rührend um ihn besorgten Schwester eine singende Antwort: «Was wirklich zählt auf dieser Welt, bekommst du nicht für Geld.»

«Ja, ja, das stimmt. Da muß ich Udo recht geben. Aber für Geld bekommt man doch schon eine ganze Menge, was das Leben angenehm macht.»

«Angenehm, nur angenehm, das ist mir nicht genug.»

«Mir auch nicht», gesteht sie leise.

Impulsiv springt er auf, zieht sie hoch und umarmt sie: «Du bist ein toll vernünftiges Mädchen. Ein Kumpel bester Qualität.»

Schmusi bellt. Hell und schrill. Ungewöhnliche Situationen sind ihr unfaßbar. Außerdem schätzt sie keine impulsiven Handlungen, die sie erschrecken.

«Du hättest sie sanft auf die Erde setzen müssen. Wenn du all das beachtest, was Schmusi an Rücksichtnahme wünscht, bist du gut vorbereitet.»

«Ich weiß, ich weiß, absolute Einstellung auf ihre zarte Seele, dazu ein Speisezettel auf ihren zarten Magen abgestimmt: kein Ei, kein Fett, keine Knochen.»

Schmusi läßt sich nicht abschütteln, sie landet wieder in seinem Sessel. Er streichelt ihren roten, seidigen Pelz.

‹Ein so netter Kerl, mein Bruder. Schon äußerlich, und dazu grundanständig. Wenn er an ein Mädchen geraten sollte, das seine Freude in der Unbeständigkeit findet, ganz scheußlich wär' das... Vater sagt: In uns liegt unser Schicksal. Stimmt das?› – Andrea denkt an ihren Vater, einen sensiblen Menschen, der den Tod seiner Frau nicht verwinden kann. ‹Ich habe ihn nie mehr lachen sehen seitdem. Er arbeitet noch mehr als früher. Seine Buchillustrationen sind sehr beliebt. Jürgen hat viel Ähnlichkeit mit ihm, in der Haltung, im Gang, in der Figur überhaupt.›

Jürgen sieht seine Schwester an: «Du gucktest eben, als schautest du durch mich hindurch. An wen hast du gedacht? Nein, ich will nicht indiskret sein. Also es ist dir recht, wenn ich Tessa einlade, zum Kaffee oder zum Abendbrot oder zu beidem? Sie soll nicht das Gefühl haben, daß ich sie zu Hause nicht vorzeigen möchte. Und sie soll auch nicht denken, sie rangiert unter ‹ferner liefen›, unter Kommilitonen, Bekannten, die kommen und gehen. Du verstehst.»

«Oh, ich verstehe sogar sehr genau... Und das Mädchen, das dir schreibt?»

«Hat mich anscheinend lieber als ich sie.»

Tessa ist froh, als sie in die Auffahrt einbiegen kann. Ein wilder Betrieb auf den Straßen, kurz nach Büroschluß. Und dazu auch noch wilde Gedanken. Jetzt zuerst eine verständliche, einprägsame Erklärung an Lexi. Aber dazu kommt es nicht. Gerade als Tessa in sehr ernstem Ton sagt: «Hör zu, Lexi! Du darfst zu niemandem etwas sagen. Zu niemandem, weil dann...», taucht ein Riesenkopf auf und danach alles, was sonst noch zu diesem Kopf gehört.

«Tessa! Das ist ein Pferd», flüstert Lexi überwältigt.

«Das muß sich verlaufen haben.»

«Aber wir haben doch einen Zaun ringsum.»

«Ach, Lexi, den nimmt ein Pferd doch im Galopp.»

«Aber wenn es sich verlaufen hat – und keiner kommt, der es zurückholt, dann gehört es uns! – Mutti! Omi! Guckt mal!» Er wagt nicht, das Gartentörchen aufzustoßen und zu dem fremden Pferd zu gehen. «Tessa, willst du das schöne Pferd nicht festbinden, sonst läuft es womöglich wieder weg. Aber sei schön vorsichtig!»

«Seltsam! Keine Seele weit und breit...» Tessa kraust die Stirn. ‹Ein Pferd – auf unserer Wiese?! Das gibt's doch gar nicht, daß Wünsche ohne eigenes Dazutun in Erfüllung gehn...›

«Jetzt hör mal genau zu, Lexi!» Tessa faßt den Kleinen an der Hand. «Kein Wort darüber, daß wir heute den – den Werner getroffen haben. Das *muß* ein Geheimnis bleiben! Du bist doch mein Freund, und Freunde haben schon mal Geheimnisse! Verstehst du?! Also: du darfst nicht darüber sprechen, Lexi!»

«Nein! Bestimmt nicht!» Und dann sind seine fünf Sinne alle beim Pferd. «Ach, Onkel Franki! Onkel Franki!» Lexi rast ihm entgegen.

«Onkel Franki!» Er kommt wie gerufen! Wie bestellt! Wunderbar, daß er da ist. Er lenkt trotz seiner Bescheidenheit das Interesse der ganzen Familie auf seine Person. Er ist Mittelpunkt ohne danach zu trachten. Mit ihm kann man über Probleme diskutieren, und mit ihm kann man Pferde stehlen. Ein Segen, daß er da ist! Tessa seufzt erleichtert. «Onkel Franki, hast du uns das Pferd mitgebracht?»

Ein blonder Mann, breitschultrig, untersetzt, kommt mit schnellen Schritten auf die beiden zu: «Wollt ihr nicht nähertreten, in euren eigenen Garten?»

«Gern, wenn du uns versprichst, daß das Pferd nicht davongaloppiert oder uns unter Umständen das Galoppieren beibringt», sagt Tessa.

«Das Galoppieren bringt es euch ganz bestimmt bei», ruft eine bekannte Stimme.

«Vati!»

«Ja, ich bin's! Wollt ihr nicht endlich hereinkommen und unsern Gast aus dem Norden begrüßen? Und Onkel Frank natürlich auch.»

In Lexis Miene spiegeln sich der Wunsch, das neue Riesenspielzeug zu besitzen, und die Bedenken, es besitzen zu müssen. Er geht zwar jetzt mutig über die Wiese, als aber das Pferd ein paar Schritte auf ihn zutut, weicht er mit schräggelegtem Oberkörper seitlich weg, und das sieht sehr spaßig aus.

«Tessachen, dein lieber Vater hat mich zwar schon mit einem Wacholder gestärkt, aber mit einer guten Tasse Kaffee würdest du mich...»

«...glücklich machen.»

«Stimmt! Aber zuerst einen Begrüßungskuß! Ich brauche mich ja nicht mehr hinabzubeugen, du bist zu mir heraufgewachsen.»

«Du hast mehr als einen Kuß verdient!» Er versteht ihren Blick. «Eine herrliche Farbe hat das Pferd! Wenn du jetzt noch sagst, daß es mich auf seinem Rücken dulden wird, dann mach' ich einen Handstand vor Freude...»

«Wie in deinen besten Zeiten!»

«Ja!»

«Leise, leise! Der Isländer versteht auch Geflüster!» ermahnt der Vater.

Tessa reißt ein Büschel Gras aus und hält es unter die Pferdelippen.

«Lauf in die Küche und hol eine Scheibe Brot, Lexi! Eine Möhre darf es auch sein!» rät Onkel Frank.

«Aber die darf *ich* ihm geben!» ruft er, während seine Füße sich im Eiltempo fortbewegen.

Die Hand auf der weichen Pferdenase, dann auf der Kruppe, zärtlich streichelnd, sagt Tessa: «Deine Überraschungen waren immer wundervoll. Diese aber ist die schönste!» Sie schiebt ihre Hand unter seinen Arm. «Ach, Onkel Franki!»

Lexi hat gleich einen ganzen Plastikbeutel aus dem Eisschrank geholt. Er schwenkt ihn und strahlt.

«Aber Lexi, *eine* Scheibe solltest du bringen!» ruft ihm der Vater entgegen. «Der Isländer wird mich ruinieren! Brot für ihn, Gras für mich... Das sehe ich kommen. Lieber Bruder, was hast du mir angetan!»

Die Männer lachen, und Tessa fällt wieder ein, daß Onkel Frank sie um eine Tasse Kaffee gebeten hat. Sie geht in die Küche. ‹Wenn dieser verdammte Nachmittag nicht gewesen wäre, wie würde ich mich freuen, wie unbeschwert würde ich mich freuen können. Wozu mache ich auch Experimente? Halb und halb habe ich vorausgeahnt, daß sein Plan, mit mir etwas Wichtiges, das Irmi angeht, besprechen zu wollen, ein Vorwand ist. Und was für ein schäbiger Vorwand. Hätte ich doch bloß Lexi nicht mitgenommen. Aber es ist gut, daß man jetzt eine Antwort hat auf die Frage: Was ist an ihm dran? Wie machen wir das bloß Irmi klar. Wir? Ich komme schon gar nicht dafür in Frage, bleibt Madam oder Onkel Frank. Wozu Mutti belasten. Sie regt sich so leicht auf. Und wenn einer von uns traurig ist, weint sie zuerst. Das Pferd ist jetzt Hauptperson, als Ablenkungsmanöver einzusetzen... Sorgen hat man mit seiner Familie! Wenn Irmi nicht so jämmerlich aussähe... sie grämt sich um dieses Miststück. Der Isländer muß sie aufheitern.›

«Tessachen?!» Frank steht vor dem Küchenfenster. Und hinter ihm sein Pferd. «Darf ich ein Schlückchen Kaffee haben? Du hast ausgesehen, als hättest du geträumt.»

«Ach, wär' es nur geträumt. Einen Traum schüttelt man ab und es bleibt nichts zurück.»

«Ich verstehe. Heute abend – wenn möglich – bei Madam?»

Die Klingel schrillt stürmisch, und gleichzeitig hört man Bellas helle Stimme.

Tessa stellt den Kaffee auf dem Tablett zurecht und bringt es ins Wohnzimmer.

Dieser Abend steht ganz im Zeichen der beiden Besucher. Und Onkel Frank überläßt dem Vierbeiner neidlos den ersten Platz.

«Ich hab' mir schon immer ein Pferd gewünscht, Vati! Seit dem Zirkus!»

«Ein Pferdchen!»

«Sei mal schön leise und iß, Bellachen», ermahnt Irmi.

«Aber ich freu' mich doch so!»

In Irmis Gesicht ist nichts von Freude, sie zwingt sich hie und da zu einem Lächeln. ‹Wenn er sie heute wieder nicht anruft, wird ihre Stimmung noch mehr absinken›, denkt Tessa. ‹Wenn ich's ihr doch nur sagen dürfte, was für ein mieser Kerl er ist. Aber – würde sie mir glauben?› Dieser Gedanke ist neu, und sie spinnt ihn weiter. ‹Wenn er sie nun anlügt, womöglich behauptet, daß ich ihn um ein Treffen gebeten habe? Nicht er sei hinter mir her – ich hinter ihm!›

Tessa wird beobachtet, aber sie merkt es nicht.

«Und das Pferdchen gehört mir, weil ich's mir auch zuerst gewünscht hab'!» ruft Bella.

«Nein, mir! Du bist noch zu klein!» bestimmt Lexi.

«Über den Isländer bestimmt Onkel Frank ganz allein», sagt der Vater.

Und Onkel Frank sieht alle Augen auf sich gerichtet. «Gladur gehört uns allen! Und er wird uns alle gern haben, wenn wir nett zu ihm sind. Ihm nicht das Maul quälen, ihm nicht mehr abverlangen, als er uns geben kann, uns immer bei ihm bedanken, wenn er uns brav getragen hat.»

So lange der Onkel spricht, hören auch die Kleinen aufmerksam zu...

«Vati! Guck mal! Da ist er!» Lexi hat den Arm hochgerissen und ein Glas weggemäht. «Da ist er!»

Irmi springt auf und bringt ihre schicke neue Hose in Sicherheit, während die Mutter schnell nach dem Glas faßt und dabei Frank, ihrem lieben Schwager, die Salatgabel gegen die Krawatte schleudert. «Entschuldige!!»

«Macht nichts! Das ist erst der Auftakt», sagt Frank gelassen und läßt sich von Tessa, seiner Tischdame, den Heringsalat vom Revers wischen. Auch er wendet sich dem Fenster zu, durch das der Kopf des Isländers hereinschaut.

Jetzt steht er in den Stiefmütterchen. Eva unterdrückt einen Seufzer.

«Er sucht Familienanschluß, das ist er sicher gewohnt.»

«Ja, Madam! Gewohnt ist er's, doch der ‹Familienkreis› besteht nur aus den zwei Armen seines Herrn, seines Wanderkameraden. Hier hat der Kreis andere Ausmaße, und Gladur beginnt sie zu prüfen.»

Und nun muß Frank erzählen, wie das Abenteuer, das ‹Gladur› (der Muntere) heißt, begonnen hat.

«Am Anfang stand der Zufall! Ein Gespräch auf hoher See. Eine Dame, offensichtlich Expertin auf dem Gebiet Pferde, sang ein Loblied auf diese sympathischen Tiere und auf die Erholung für Geist, Körper und Seele im Umgang mit ihnen. Verbring deine Freizeit im Sattel! hieß ihre Fanfare! Ich fing Feuer!»

«Bei der Dame?»

«Oh, Madam! Bei dem Thema... natürlich auch. Also, ich fing Feuer, meinte dann aber resigniert: ‹Ein Pferd muß jeden Tag versorgt, gepflegt und bewegt werden; wenn ich – als Schiffsarzt – auf den Meeren schwimme, wer soll das tun? Und einen Stall müßte ich bauen und...› Sie unterbrach mich: ‹Sie sprechen von Stallpferden, auf sie trifft das alles zu. Aber es gibt ja Gott sei Dank auch noch urwüchsige Pferde! Die Isländer zum Beispiel. Sie brauchen keinen Stall, ein primitiver Unterstand genügt. Sie sind nicht auf tägliche Bewegung durch den Reiter angewiesen, sie beschäftigen sich schon, das heißt, sie suchen sich ausreichend Bewegung auf der Weide, und dort finden sie auch ihr Futter. Bedenken Sie doch, unter welch harten Bedingungen sie in dem Land, aus dem sie kommen, leben müssen. Das hat sie hart gemacht, robust, genügsam, selbständig, tapfer. Ich liebe diese zuverlässigen Burschen, die noch einen weiteren, nicht zu unterschätzenden Vorzug aufweisen: Sie können uns mehr Gangarten bieten als unsere Großpferde...›»

«Erzähl weiter, Onkel Franki! Erzähl bitte weiter!» sagt Lexi, der noch selten so stumm am Tisch saß.

«Später! Onkel Frank kommt ja gar nicht zum Essen», sagt der Vater.

Lexi springt auf: «Ich muß ihn schnell mal streicheln!»
«Hiergeblieben!» ruft Madam. «Streicheln kannst du ihn nachher.»

Auch Bella war schon vom Stuhl gerutscht und von Madam wieder hochgezogen worden.

«Du hast von uns allen die besten Nerven.»

«Liebe Irmi, meine Einstellung zu den Dingen kommt aus dem Selbsterhaltungstrieb», und zu Bella gewandt: «Mein Herzchen, nimm die Gabel vom Kopf. Wenn es dich juckt, dann kratze dich etwas später, aber mit dem Kamm! Und nicht am Tisch!» Und zu Frank: «Dein Freund Gladur stiehlt dir die Show!»

Frank nickt: «Noch nie hat mir mein Auftritt in diesem Hause so wenig Applaus gebracht. Ein Ausländer verdrängt mich von der Bühne.»

«Und ein Ausländer wird dich wieder versöhnen», sagt sein Bruder wenig später, als sie sich im Wohnzimmer gegenübersitzen, und gießt ihm ein Glas Portwein ein. «Zur Begrüßung! Auf sein und dein Wohl!»

«Wir danken!»

Frau Eva sieht im Geist Hufabdrücke überall – die Blumen geknickt, zertreten, die Zierbüsche angefressen, zerrupft... In der ersten Stunde der allgemeinen Begeisterung hat sie es nicht übers Herz gebracht, ihre Besorgnis zu äußern, doch es muß etwas geschehn! Und zwar sofort! ‹Wenn ich dem Besuch erlaube, meinen Rasen in Besitz zu nehmen, und ihm die Blumen an der Terrasse opfere, springe ich schon über meinen Schatten. Das große Blumenbeet kriegt er nicht! Wir müssen Draht ziehen, vom Gartenhaus bis zur Garage.›

Den gleichen Gedanken hat Frank und spricht ihn in diesem Augenblick aus, trinkt sein Glas leer und ist schon auf dem Weg zur kleinen Kammer, in der Handwerkszeug, auch Draht und ähnliches, aufbewahrt wird.

Die beiden Männer arbeiten, von Eva – Chef und Handlangerin in einer Person – unterstützt...

Gladur bewegt sich im Hintergrund unter hohen Bäumen.

Tessa ist müde, aber sie kann nicht einschlafen, und sie will auch nicht einschlafen, denn sie hat noch etwas vor. Ein Segen, daß es Madam und Onkel Frank gibt. Den Gedanken, Karin, ihrer Schulfreundin, von dem heutigen Nachmittag zu erzählen, verwirft sie gleich wieder. ‹Wenn er nicht mit Irmi so eng befreundet wäre – gewesen wäre –, dann ja, dann würde ich Karin alles erzählen, vielleicht... vielleicht auch dann nicht.› Schweigen müssen ist für sie so quälend.

Die Schwarzwalduhr in Tessas Zimmer schlägt elfmal. Von der Terrasse her kommen Stimmen, verhalten, leise, sie sprechen mit Gladur, Vati und Onkel Frank... ‹Wie freue ich mich!! Jetzt werde ich reiten können! Schon lange hab' ich's mir gewünscht. Ob Jörg morgen anruft? Er wird staunen, daß wir solch aparten Zuwachs bekommen haben. Wenn Franki hier eine Praxis hätte, das wäre einmalig schön! Er will sich bemühen. Ist ja auch lange genug unterwegs gewesen, kennt alle Meere. Jetzt soll er mal seßhaft werden – und heiraten. Aber eine besonders Nette muß es sein, eine, die ihn uns auch noch ein bißchen läßt.›

Als die Uhr halb zwölf schlägt, steht Tessa auf. Madam wird inzwischen oben sein, und es ist anzunehmen, daß Irmi jetzt schläft. Sie hängt den Bademantel über, drückt vorsichtig den Türgriff hinunter und geht leise, jedes Geräusch vermeidend, die Treppe hinauf.

Die Großmutter hat sich die Mansarde nach ihrem Geschmack ausbauen lassen und bewohnt dort zwei hübsche kleine Räume.

«Omi?! Darf ich dich noch stören?» Tessa schaut ins Schlafzimmer.

«Natürlich! Du weißt doch, für euch habe ich immer Sprechstunde.»

48

«Ach, es ist gar nicht lustig, was ich dir zu erzählen habe.»

«Das kann ich mir denken. Um etwas Lustiges zu erzählen, kriecht man nicht um Mitternacht aus dem Bett... das hätten ja alle hören dürfen.»

«Es handelt sich um Werner. Er wollte mich sprechen, und...»

«Aha – und du bist auf seinen Vorschlag eingegangen.»

«Ja, aber ich – ach es hat keinen Sinn, daß ich dir nur die halbe Sache erzähle... Onkel Frank wollte kommen, aber wahrscheinlich konnte er nicht weg. Ist vielleicht auch besser so, daß du zunächst einmal allein...»

Die Uhr schlägt halb eins, als Tessa in ihr Zimmer zurückkommt. Sie wirft den Bademantel über den Stuhl und kuschelt sich unter die Steppdecke. ‹Es war eine gute Idee, noch zu Madam zu gehen. Sie kann wunderbar zuhören, und aus den kompliziertesten Situationen findet sie heraus. Ha, mir ist wesentlich wohler als vor einer Stunde.›

Tessa ist im ersten Schlaf, als ihre Tür aufgedrückt wird.

«Tessa! Tessachen?!» Eine weinerliche Stimme. «Tessachen, ich hab' so schlecht geträumt.»

Jetzt begreift sie, daß Lexi in ihrem Zimmer ist. Und wie eben sie bei Madam, sitzt jetzt Lexi auf ihrem Bettrand. «Ich hab' so schlecht geträumt.»

Tessa richtet sich auf, und er rutscht näher und schlingt seine schmalen Ärmchen um ihren Hals.

«Was hast du denn geträumt?»

«Ach... die Trillerpfeife... die hat er mir weggenommen und aufgefressen... und dann war er tot.»

«Wer? Der Polizeibeamte?»

«Nein, der nicht. Das Pferdchen. Und es war ganz klein, so wie Bella. Und der Werner, der Werner hat es in den See stoßen wollen, aber dann wurde es plötzlich ganz groß, und dann... hatte es eine Uniform an und war ein Mensch, und der hat geschimpft.»

«Geschimpft? Mit wem hat er denn geschimpft?»

«Das weiß ich nicht mehr, ich glaube mit dem Werner, weil der doch das schöne Pferdchen in den See stoßen wollte.»

«Man träumt schon manchmal furchtbar dumme Sachen, die einen toll erschrecken. Aber wenn man sie nur träumt, dann ist es ja gar nicht schlimm. Der Traum war nur Hokuspokus, etwas, worüber man lachen kann. Und jetzt gehst du schön leise wieder in dein Bett.»

«Bring mich bitte.»

«Du bist doch schon groß! Bist doch schon mein Kavalier, der mich beschützt...»

«Ja. Aber bring mich heute, weil ich so schlecht geträumt hab'.»

Als Lexi wieder unter seiner Decke verschwunden ist, bis zur Nasenspitze, sagt er: «Setz dich noch ein bißchen auf mein Bett. Nur fünf Minuten.»

«Ich muß in fünf Stunden schon wieder aufstehen, und ich bin so müde.»

«Ach so, ja, dann mußt du schlafen gehen», sagt er verständig. «Und wenn *du* schlecht träumst, dann kommst du zu mir.»

Tessa gibt ihm noch einen Gutenachtkuß auf die Stirn.

«Darf ich auch Mutti nichts erzählen von heute nachmittag? Und – und Vati auch nicht?»

«Nein! Sie würden sich bloß ärgern und aufregen und traurig sein, und das willst du doch nicht. Du kannst es Omi erzählen. Aber nur Omi. Und jetzt mach schnell die Augen zu.»

«Laß das Licht bitte an.»

«Machst du einen Schritt zurück? Du bist doch jetzt schon so viele Schritte vorwärtsgekommen, bist seit ein paar Wochen so schön ohne Licht eingeschlafen...»

«Nur heute. . .»

«Na gut.» Tessa legt leise die Tür ins Schloß. ‹Ich könnte ihn verprügeln, diesen ekelhaften Kerl. Wenn ich ihn bloß nicht mehr zu sehen brauchte. Lexi verfolgt er bis in die Träume, und mich. . . nicht mehr daran denken. Wenn bloß sein Blick nicht so ekelhaft und so boshaft gewesen wäre. Mir wurde richtig ungemütlich. Hoffentlich macht er mir nicht noch mehr Ärger.›

4 Ist das ein Mann! Ein Vollblut!

«Ach Tessa, du humpelst ja», stellt Karin fest.

«Ich merk's», lächelt Tessa.

«Ist es ernst?» fragt Brigitte.

«Nein, ein Vergnügen sozusagen. . .»

«Wenn man sich dämlich angestellt hat, womöglich die Kellertreppe hinuntergesegelt ist, und hinterher wie angeschossen 'rumläuft, kann man's ja ruhig zugeben.» Brigittes Stimme ist giftig.

«Ich würde dir nicht verschweigen, wenn ich mich dämlich angestellt hätte, da dein Interesse mich rührt. Aber es war nicht, was du vermutest. Im Gegenteil. Es sind die Folgen einer herzlichen Begrüßung.»

Karin reißt die kleinen Augen auf: «Donnerwetter! Hat er dir womöglich ein paar Rippen gebrochen? Ist *das* ein Mann! Ein Vollblut!»

«Nein! Kein Vollblut! So viel weiß ich bestimmt. Wenn ich mich auch sonst noch nicht richtig auskenne.»

Die Umstehenden haben mitgehört. Jetzt sagt eine hochtoupierte Blondine: «Von wem redet ihr eigentlich?»

«Von ‹ihm›», sagt Tessa schnell, bevor der Lehrer

auch noch seinen zweiten Fuß in das Klassenzimmer gesetzt hat.

«Und wie heißt er?» flüstert Karin.

Und Tessa antwortet: «Gladur.»

«Engländer?»

«Nein, Isländer!»

«Klasse!»

Tessa hebt die Schultern. «Muß ich erst ausprobieren. Vielleicht. . .»

«Sagten Sie etwas von ausprobieren, Fräulein Roland?» Der Lehrer beugt sich vor. «Hat es etwas mit unserem Thema zu tun?»

«Nein, Herr Dr. Weitz. Ich suche lediglich. . .»

«Ja, bitte?»

«. . . ein Mittel – gegen Prellungen.»

«Gegen Prellungen. . . Und welcher Art sind sie?»

«Hufabdruck auf meinem Fuß.»

«Oh! Wie kamen Sie denn dem Pferd so nah?»

«Unsere Diele ist zu klein. Kaum Ausweichmöglichkeiten.»

«Ein Pferd – in Ihrem Haus? In der Diele?»

Tessa genießt die Situation, ohne es zu zeigen. «Ja!»

«Ach, und da hat es Sie getreten?» sagt Dr. Weitz besorgt.

«Nein, so nicht. Nicht getreten. Ich hatte nur meinen Fuß da stehn, wo sein Fuß gerade hinwollte.»

Tessa hat wieder mal erreicht, daß die Stimmung wundervoll ist. – Herr Dr. Weitz lächelt: «Man müßte nochmal sechzehn sein. . .»

«. . . und dann einen Isländer haben», vollendet Tessa.

Er nickt. «Und in seiner Gesellschaft durch die Wälder und über die Wiesen. . .»

«Schön!» Tessa zieht das Wort in die Länge. «Und dazu ist es nie zu spät. Der Reitsport kennt keine Grenzen, altersmäßig. Besonders dann nicht, wenn man ein Islandpony wählt, das einen easy gait, den Tölt, beherrscht.»

«Also Sie meinen, mit fünfzig sei man bei Ponys noch beliebt?»

«Ganz bestimmt, wenn man nett zu ihnen ist und trotzdem versteht, seinen Willen durchzusetzen, in vernünftiger Weise.»

«Oh, ein gutes Rezept! Ich werde den Ponys näher treten.»

«Aber nicht so nah, daß. . .»

«. . . daß mein Fuß ausgerechnet da steht, wo der Ponyfuß hinwollte», vollendet Dr. Weitz schnell den Satz. «Und jetzt, meine Damen mit Elan an die Arbeit. Zeigen Sie einen frischen Galopp nach diesem heiteren Intermezzo.»

An diesem Tag, in einer andern Schulstunde, kommt die Rede auf die Berufswahl. Die meisten sehen sich im Geist schon schick gekleidet, gut gepflegt, hinter einem Schreibtisch mit Augenmerk auf das Ziel: Chefsekretärin.

Tessa spielt mit dem Gedanken, sich hinter die Theke eines Reisebüros zu setzen. «Da streift mich dann wenigstens ab und zu ein Luftzug der großen, weiten Welt. Und jedes Jahr bietet sich eine kleinere oder größere Traumreise, sicher mit erheblicher Ermäßigung. Sicher kann man auch dem einen oder andern raten, wenn man merkt, daß die Finanzen nicht so weit reichen wie seine Phantasie. Es müssen ja nicht immer gleich die Balearen sein oder die Bahamas. Deutschland hat ja auch sehr schöne Golfplätze, Möglichkeiten zum Segeln, zum Wasserschisport, zum Reiten. . . Ich traue mir schon zu, meine Kunden glücklich zu machen.»

Die Klasse lacht und die Lehrerin lacht mit. «Das traue ich dir auch zu, Tessa. Wenn du fünf Minuten kurz und prägnant gesprochen hast, dann versteht der Kunde nicht mehr, wieso er im Februar nach den Kanarischen Inseln reisen wollte, in mildes Klima, in die tröstliche Sonne. Denn du machst ihm klar, daß gerade die herbe Luft auf den Eifelhöhen die Wanderlust anregt und somit den Blutkreislauf, also ein verlockendes Ferienziel ist.»

Wieder gibt es Gelächter. Tessa hat – im Gegensatz zu ihrer Schwester – die glückliche Gabe, mitlachen zu können, auch wenn auf ihre Kosten gelacht wird. Meist fordert sie es sogar heraus. Sie strahlt ihre Lehrerin an. «Liebe deinen Nächsten wie dich selbst. Und da *ich* mir einen Wunsch ausrede, der sich nicht realisieren läßt, oder ihn auf Eis lege, für später...»

«Kurierst du mit diesem erprobten Mittel auch andere Bedürftige. Gut! Gut!» Der lachende Blick der Lehrerin wird nachdenklich. «Eigentlich wärst du als Krankenschwester auch am richtigen Platz.»

«Ich hab' ja schon meinen Patientenkreis. Und wenn ein Vierbeiner krank ist, dann ist der Zweibeiner, der dazu gehört, meistens auch angeschlagen, ich wollte sagen: trostbedürftig.»

«Das kann ich verstehen. Ich gehöre ja auch zu denen, die vierbeinige Begleitung schätzen.»

Es kommen noch viele Berufe ins Gespräch, und·Tessa erwägt, ob die Laufbahn, die zur Einkäuferin für elegante Damenkonfektion führt, nicht auch reizvoll wäre. «Aus einer Frau herauszuholen, was nur eben zu holen ist, um sie anziehender zu machen, als sie selbst es versteht, das könnte mich auch noch locken.»

«Ja, Tessa, das wäre ein Beruf für dich!» sagt die Lehrerin lebhaft. Sie hatte in den letzten Wochen häufig Gelegenheit, Tessas guten Geschmack zu beobachten. Das Mädchen wußte nicht nur, was man tragen muß, sondern auch, wie man es trägt. Ihr Gang hatte nichts mehr von der schlaksigen Kindlichkeit, dafür jenes Etwas, das selbst dem einfachsten Kleid zu Glanz verhilft.

Die Klingel läutet und beendet eine Stunde, die für fast alle Schülerinnen interessant gewesen ist.

Tessa nimmt ihr Fahrrad.

«Kommst du mit schwimmen heute nachmittag?» fragt Karin.

«Leider nein!»

«Wieso? Hast du etwa eine Verabredung?»

«Ja!»

«Ich wüßte gern, mit wem? Falls du dich entschließen kannst, es mir anzuvertrauen.»

«Ich entschließe mich dazu. Mit meiner Großmutter.»

«Kriegst du etwa schon wieder was Neues an den Leib?»

«Nein. Mein Besitz muß die nächsten zwanzig Jahre überdauern.»

«Du bist schrecklich, Tessa.»

«Weil du mir nicht glaubst, bin ich schrecklich.»

«Sag wenigstens, was du heute vorhast?»

«Übe neuen Beruf. Adios!» Tessa winkt und kurvt um die Ecke.

Karin knurrt vor sich hin: ‹Mit ihren Kurzfassungen bringt sie einen auf die Palme. Aber es ist nicht zu leugnen, daß sie sehr kameradschaftlich ist. Wenn man sie tatsächlich braucht, ist sie da. Absolut zuverlässig. ... Ob ich mir mal unverbindlich ansehen soll, was das für ein Job ist? ...›

Tessa durchpflügt den Verkehr. ‹Ha! Was mich heute erwartet! Zum erstenmal auf Gladurs Rücken! Zum erstenmal auf einem Pferderücken überhaupt! Ich werde überschnappen vor Freude!› Doch der Dämpfer steht schon bereit, das Madam gegebene Versprechen, ihr im Garten zu helfen... Garten... Dabei kommt ihr plötzlich die Idee, daß es ja auch Gartengestalter gibt. Gartengestalterin, wäre das nichts? Einen Park planen. Grün – in allen Tönen, dazu gelb und rot! Blau darf nicht fehlen, wasserblau – seeblau, und violett, wenig violett, das gibt die Stimmung, man fühlt sich am Lago di Lugano...

55

«Fräulein! Wo sind Sie mit ihren Gedanken?»

«Lago di Lugano», ruft Tessa und reißt ihr Rad zur Seite. Sie hätte auch fluchen können: ‹Verdammt nochmal, passen Sie auf!› Denn die alte Frau hatte, ohne nach links zu sehen, die Straße überqueren wollen. Aber Fluchen liegt Tessa nicht. Sie antwortete auf die Frage: ‹Wo sind Sie mit ihren Gedanken?› wahrheitsgemäß ‹Lago di Lugano›, und die alte Frau denkt: ‹Eine Ausländerin. Aber sie hat sich wenigstens entschuldigt.›

Tessa kommt ohne weitere Zwischenfälle nach Hause. Madam, die, um ihre Tochter zu entlasten, die Arbeit einteilt und sich dabei nicht vergißt, hat heute Küchendienst. Onkel Frank ist gerade dabei, den Tisch zu dekken, und wird von Lexi und Bella unterstützt. «Im Gänsemarsch – im Gänsemarsch – wandern wir fürbaß – wandern wir – wandern wir – wandern wir fürbaß», singt Onkel Frank.

Bella singt mit: «. . . wandern wir – wandern wir – wandern wir für was?»

Lexi ist gründlich wie immer und fragt: «Wo ist das, wo wir hinwandern? Wo ist ‹fürbaß›, Onkel Franki?» Er blickt zu ihm hoch, dabei rutscht ihm die Brotscheibe samt dem Spiegelei vom Teller.

Bella, immer hilfsbereit, stellt flink ihren Teller auf die Erde und schiebt mit ihren winzigen Fingern geschickt das Ei wieder aufs Brot und das Brot auf den Teller.

‹Eine glückliche Familie›, denkt Onkel Franki. ‹Immer, wenn ich hier bin, steigt meine Wunschkurve, Chef eines solchen Teams zu sein, steil an. Hätte ich bloß erst den Anfang. . .›

Lexi, dem der Ruf anhängt, sehr pingelig zu sein, will das von Bella für ihn gerettete Ei nicht mehr essen.

«Lassen wir Omi entscheiden, ob sie dir ein neues geben will, denn es war ja dein Versehen, daß es abgerutscht ist.»

«Ja, aber du hast ja auch so was Komisches gesungen, Onkel Franki.»

«Deshalb konntest du deinen Teller doch gerade halten. Vielleicht gibt Bella dir die Hälfte von ihrem Ei ab?»

«Nein, von meinem kriegt er nichts!»

«Kenne sich einer in einer Frauenseele aus», murmelt Frank. Wenn Lexi sie boxt oder ihr ein Bein stellt, und sie heult, und er bekommt dafür eine ernste Ermahnung oder von Madam einen Klaps, ergreift sie fast immer seine Partei, mit einem entrüsteten Blick auf den, der ihr zur Hilfe gekommen ist.

«Hallo!» Tessas fröhliche Stimme ist in diesem Augenblick dominierend. Sie wirft die Mappe auf den Dielentisch. «Wie geht's unserm Stargast?? Und wer muß heute seine Äpfel einsammeln?»

«Ich dachte schon, ich sei gemeint, aber der zweite Satz klärt alles.» Frank spielt Enttäuschung.

Und Tessa lacht: «Hart ist das Leben!» und streift mit ihren Lippen, ihn versöhnend, seine Wange.

«Oh, das tut gut!»

«Und was ist... wie wandern wir, Onkel Franki?» Lexi ist hartnäckig in seinem Wissensdurst.

«Wir wandern fürbaß. Das ist kein Ort, kein Dorf, keine Stadt. Das heißt wir wandern emsig, frohgemut, vergnügt, wir schreiten munter voran, und nette Leute nehmen wir mit.»

«Gladur nehmen wir mit! Ich muß nochmal ganz schnell gucken...»

«Ich bring' ihm Brot!» ruft Bella, die Mutigere der beiden.

«Hiergeblieben! Alle Mann auf die Plätze!» kommandiert Madam.

«Madam ist eine Verwandlungskünstlerin: Vormittags Köchin, nachmittags Nurse, abends Grande Dame – und in jeder Rolle echt», stellt Frank wieder einmal fest.

«Und jetzt steigt sie auch noch in den Sattel und wird Sportkanone.»

«Ich werde deine Pläne nicht durchkreuzen», lacht Madam. «Aber du versprichst mir, daß du dich als mein Leibarzt ständig zu meiner Verfügung hältst.»

5 Nicht zu Hause! Bedaure!

Andrea, Jörgs Schwester, steht hinter einer Kundin vor dem langen Spiegel. Der Glanz des breiten Goldrahmens, den schwebende Putten und flatternde Bänder verzieren, verpflichtet zu einer graziösen Haltung. Auch die Kundin, die jetzt in das geschliffene Glas schaut, erscheint sich schöner als sie ist. Es hat keinen Sinn, ihr das Kostüm auszureden. Es wäre grausam, da sie sich doch so hübsch darin findet. Es ist aber auch grausam, sie darin herumlaufen zu lassen, in diesem auffallenden Karo, das sie noch dicker macht. Da hilft nur eins, den halben Schrank ausräumen und ihr etwas anderes schmackhaft machen.

Andrea versucht es mit einem einfarbigen Kostüm, dunkelblau, apart gearbeitet. «Vielleicht ziehen Sie dieses einmal an. Mit Blau kann man nie etwas falsch machen. Es paßt zu fast allen Gelegenheiten... Nicht alles, was im Schaufenster besticht, sieht, wenn man es anzieht, ebenso gut aus.»

«Aber Sie tragen doch auch ein kariertes Kostüm», sagt die Kundin.

Schon wieder muß Andrea eine geschickte Antwort bereit haben. Sie darf nicht sagen: ich wiege nur halb soviel wie Sie... «Ja, ich trage dieses karierte Kostüm, aber ich hab's mir auch schon längst leid gesehen», sagt

58

sie betont unlustig. Bei Uni passiert Ihnen das nicht.»
Sie geht wieder zum Schrank. «Hier haben wir noch ein
ganz dunkles Karo, aber das wäre mir zu ausdruckslos
für Sie. Wenn Sie es probieren möchten. . .»

Die Dame probiert auch noch Fichtenspitzengrün und
Maiskolbengelb. Aber sie kauft dann doch das Dunkelblaue.

«Und sie hat sich sogar noch bedankt», sagt Andrea
später zu ihrer Freundin, in deren Modesalon sie arbeitet.

«Es ist ein Risiko, gezielt zu beraten. Wenn sich eine
Frau vor dem Schaufenster stehend in ein Kostüm, ein
Kleid, einen Mantel, ein Cape hineinphantasiert, und
man rät ihr davon ab, dann kann's passieren, daß sie gar
nichts kauft.»

«Natürlich. Aber die Tricks ‹Verkaufen um jeden
Preis› wenden wir ja nicht an.»

«Du kannst ganz schön überheblich aussehen», lacht
Claudia. Blond und zierlich sitzt sie Andrea gegenüber.

Wieder gongt die Glocke an der Ladentür. «Bleib
sitzen, Andrea. Ich geh'! Mach uns eine Tasse Tee!»

Schmusi, die in ihrem Körbchen geschlafen hat, reißt
die Augen auf. Tee oder Kaffee ist Alarmstufe 2, denn
die Worte bedeuten: Süßigkeit.

Andrea blickt in den Spiegel: Gut aussehende Dame,
Mitte zwanzig, 1,75 Meter groß, schlank, dunkles Haar,
dunkle Augen, musisch veranlagt, sucht. . . Nein, sucht
nicht! Zwei Enttäuschungen genügen ihr. An der ersten
nicht ganz schuldlos. . . Aber dafür war die zweite dop-
pelt gemein. . . Andrea zündet sich eine Zigarette an.
Schmusi blinzelt.

«Ja, ja, ich weiß, du magst nicht, wenn ich rauche, ich
finde es ja selbst nicht angenehm, wenn meine Kleider
nach Rauch riechen. Ich werde mich um ein anderes
Laster bemühen. Vielleicht kaue ich Gummi, demnächst. . . Heute abend kommt Besuch, Schmusi! Das

nette Mädchen, das dir um Haaresbreite die Schnauze zugebunden hätte; schlauerweise hast du es vorgezogen, schleunigst abzuschwellen... Jörg freut sich, daß sie kommt... Er freut sich, wie – wie – na, wie wohl!? Könnte man dem Mädchen ins Herz sehen... Kann man mir ins Herz sehen? ...»

«Andrea! Grund, einen Pikkolo zu trinken! Die ‹Fürstin› ist verkauft!»

«Grund, ein Dutzend Pikkolos zu trinken... Ich gratuliere! Paßt die Dame wenigstens hinein?»

«Figürlich – ja.»

«Ach so. Schade. Ein Traum von einem Abendkleid, dazu der herrliche Mantel.»

«Bloß gut, daß *ich* gegangen bin. Du hättest der undamenhaften Dame bestimmt abgeraten. Du bist eben eine Künstlernatur. Das hast du von deinem Vater. Der kriegt ja auch Zahnschmerzen, wenn die Farben und die Formen und die Aufteilung nicht stimmen. Kann ich sogar verstehen.» Claudia lacht und zeigt ihre kleinen, ein bißchen verdreht gestellten Zähne.

Andrea stellt ihre Teetasse auf den Tisch zurück. «So, so, einiges stimmt zwar nicht, aber das Geld stimmt.»

«Genau! Sie hat bar bezahlt! Und jetzt eine Stärkung!»

Schon wieder ruft die Glocke.

«Bleib sitzen. Ich geh'. Trink deinen Pikkolo!» Liebenswürdig begrüßt Andrea die nächste Kundin, die in Begleitung kommt... «Eine Bluse.» – «Und an welche Farbe haben Sie gedacht?»

Die Begleitung – eine junge, gleichaltrige Dame – antwortet: «Bunt, Zigeunerlook... Wenn wir auch gleichzeitig ein paar Kleider in der Art sehen könnten? Das Neueste, bitte!»

Und während die Kundin anprobiert, denkt Andrea an den Abend. ‹Hoffentlich hat Jörg alles besorgt, was ich notiert habe.› –

‹Es war wundervoll! Und Onkel Franki ist der netteste Lehrer, den ich je erlebt habe. Reiten wird einmal meine ganz große Leidenschaft. Bei meiner Erziehung ist Wichtiges versäumt worden. Mit sechs hätte man mich in die Reitschule schicken sollen.› – Telephon! – ‹Unmöglich, in sich zu gehen, wenn ein Telephon im Hause ist› – «Ja, bitte? Bei Dr. Roland!... Ja... ja... Wir behandeln eigentlich nur Großtiere, die Praxis hat sich so ausgeweitet, mein Vater schafft es nicht mehr... Und wir wohnen ja auch so weit außerhalb der Stadt. Ja, ja... ich werde es notieren. Sobald er zurückkommt. Ich rufe an, ja, Sie bekommen Bescheid, wann er bei Ihnen sein kann. Gut...» – ‹Ihr Herr Vater wurde mir aber empfohlen, hat sie gesagt. Da kann man nichts machen, da muß er hin.›

Tessa geht wieder zurück an ihre Arbeit. Sie hat die Putzwoche. Bei der Beschäftigung kann man die Gedanken so schön traben lassen. ‹Gladur ist ein herrliches Pferd. Wir lieben ihn alle. Und damit er nicht zu arg verwöhnt wird, müssen wir unsere Sympathie verteilen, auf einen zweiten Isländer, der eines Tages kommen wird, Franki hat es schon prophezeit. Isländer sind Herdentiere, sie sollen ihre Urwüchsigkeit behalten und unter ihresgleichen leben, nicht ausschließlich unter Menschen. Aber Gladur, meine erste Island-Liebe, bleibt der Superstar für mich...›

Plötzlich fällt ihr ein, daß sich der anonyme Anrufer nicht mehr gemeldet hat. Seit – seit wann eigentlich? Seit Montag letzter Woche. ‹Das war doch der Tag, an dem das Miststück mich angerufen hat, um mit mir einen Termin zu verabreden. Hat er womöglich immer dann aufgelegt, wenn nicht meine Stimme...?›

Tessa richtet sich auf und wischt sich die Haare aus der Stirn. Der eine der beiden Dielenspiegel ist in Blicknähe; und sie stellt fest, daß sie im Augenblick absolut ‹unsexy› ist. «Arbeit adelt! Wenn, dann aber nur innerlich, äußerlich seh' ich aus wie der billigste Apfel, knall-rot!»

«Du bist eben unerhört wandlungsfähig, Theresa, wie Madam. Ich bin sicher, heute abend siehst du aus wie ein Golden Delicious.»

«Und du bist immer genau da, wo man dich nicht vermutet, Onkel Franki!»

«Verzeih! Ich konnte nicht ahnen, daß du mit dir allein sein wolltest. Ich hatte soeben die Absicht, mich dir als Handlanger anzubieten. Aber wenn ich unerwünscht bin...»

«Bleib! Bleib!» Tessa zieht das Schränkchen auf und wirft ihm ein Staubtuch zu. «Du bist ein Engel.»

«Ich passe mich meiner Umgebung an», sagt er lachend und denkt: ‹Verteufelt viel Charme hat sie.›

Tessa widmet sich wieder dem viel zu empfindlichen hellen Fußboden. «So schlagfertig wie du möchte ich auch sein!»

«Immer schön üben! Und wo darf ich nun anfangen?» Tessa schickt ihn ins Eßzimmer.

«Aber ich wollte mich doch mit dir unterhalten, während...» Er tut enttäuscht.

«Keine Zeit! Ich muß mich rasend beeilen. Du weißt doch... Außerdem: ‹Erst die Arbeit, dann das Vergnügen›, sagt Madam.»

«Gut! Gut! Was hältst du davon, wenn ich mir ein Vergnügen daraus mache, dich heute abend zu deinem Rendezvous zu fahren?»

«Das hatte ich schon einkalkuliert! Als er mich anrief, wann er mich abholen dürfe, habe ich gesagt: ‹Danke, ich werde gebracht.› Das klingt viel besser, findest du nicht? Schließlich müßt ihr ja auch wissen, wo ich bin.»

«Mit sechzehn schon ganz Dame. ‹Danke – ich werde gebracht!›» Frank hebt das Kinn, furchtbar vornehm, wie der Butler seiner Lordschaft.

Irmi schließt die Tür auf – und das Lachen der beiden macht sie noch unglücklicher, als sie es ohnehin ist...

Drei Stunden später kann Frank feststellen, daß er nicht richtig prophezeit hat. Was da die Treppe herabwirbelt, ist ein Traum von einer Apfelblüte. «Dagegen ist der Golden Delicious ein farbloses Nichts!» sagt er und fängt Tessa auf, die ihm in die Arme springt.

«Dein Kleid knautscht doch», sagt Irmi kopfschüttelnd.

«Einem Spaß muß man etwas opfern. Und einem so netten Mann in die Arme zu springen, ist doch ein Spaß – oder?»

Frank bedankt sich für das Kompliment. Und er hat wieder einmal Gelegenheit, zu beobachten, wie verschieden die beiden Schwestern sind. «Ich habe dir etwas mitgebracht, Irmi, aus der Stadt! Darf ich mich auf morgen abend bei dir einladen? Wenn es dir recht ist, um 21 Uhr? Vor zwölf Jahren mußte ich dir Märchen erzählen, heute... nein, ich will nicht vorgreifen.»

Gerade als Tessa am Telephontisch vorbeigeht, klingelt es. Gewohnheitsgemäß hebt sie den Hörer ab. «Bei Dr. Roland! Hallo? Bitte? Sprechen Sie!»

Und dann hört sie: «Tessa? Bist du's? Ich muß mit dir sprechen, hörst du?! Ich...»

Und sie antwortet: «Nicht zu Hause! Bedaure!» Sie läßt den Hörer in die Gabel fallen, aber zwei Wörter waren kurz vorher noch zu verstehen: Ich warne.

‹Ich warne dich, soll das natürlich heißen. Du warnst mich vor dir, gar nicht so dumm. Dieser blöde Kerl läßt mir doch keine Ruhe. Bloß gut, daß der rote Wagen heute abend nicht hier vorfährt. Womöglich spioniert er mir nach.›

«Daß es Leute gibt, die mit dem Kopf durch die Wand wollen. Schrecklich.» Tessa hat laut gedacht, während der Wagen anfährt.

«Wie meintest du? Hängt es mit dem Telephonanruf zusammen?»

«Ja, davon muß ich dir später erzählen.»

«Hoffentlich ist es dann nicht zu spät», sagt er lächelnd und ahnt nicht, daß seine Worte Tessas ungemütliches Gefühl noch verstärken.

«Ich könnte diesen Heini... Du kennst doch bestimmt eine von diesen aparten Kampfmethoden, die so unblutig und doch so wirksam sind!» Sie sagt es leichthin, aber es ist ihr doch etwas unheimlich. «Ach, die Blumen! Wir müssen nochmal zurück.»

Er schmunzelt. «Falls ein Kavalier die Blumen vergißt, ist er nur ein halber. Die Blumen fahren mit uns!»

«Danke! Du bist ein ganzer! Holst du mich nachher auch wieder ab? Wenn man mir den kleinen Finger reicht, nehme ich gleich die ganze Hand, denkst du... stimmt aber nicht, nur bei dir nehme ich sie.»

«Und ich geb' sie gern, aber nur dir!»

«Vielleicht auch noch der schönen Andrea, wenn du sie näher kennenlernst. Dort fahren wir jetzt hin.»

«Nicht wir, du! Und ich kann dich natürlich wieder abholen, aber ich glaube, ein gewisser junger Mann wird diese Regelung verwünschen.»

«Wenn er mir gefällt, wird er noch oft genug Gelegenheit haben. Aber heute, so zum ersten Mal. Und überhaupt, ich möchte...»

«Gut, gut. Ich werde dich vorfahren wie ein hochherrschaftlicher Chauffeur.» Er hebt das Kinn und ist ganz kühle Reserve.

«Wie ausgezeichnet Ihnen diese Rolle steht, Herr Dr. Roland!»

«Danke! Es ist mir schon länger bewußt, wo meine wirklichen Fähigkeiten liegen», scherzt er. Aber dann gelingt es ihm doch nicht, so vorschriftsmäßig und reibungslos vorzufahren, wie er es sich vorgestellt hat. Als sie endlich die Zufahrt gefunden haben, sind sie von den

Gastgebern längst entdeckt worden. Und Frank kann nicht, wie geplant, Tessa absetzen und ungesehen wieder abfahren. Er wird begrüßt und natürlich mit ins Haus gebeten. Eine Ausrede fällt ihm so schnell nicht ein, dazu kommt Tessas ermunternd-bittender Blick, zuzusagen.

«Sieh doch, wie sie dich begrüßt, als hätte sie nur darauf gewartet, *dich* zu sehn», lacht Tessa und deutet auf die Dackelhündin, die wie ein Ball vor Frank hochhopst und immer wieder ihre Pfoten gegen seine Bügelfalten drückt.

«Schmusi, laß das!» Aber Schmusi läßt es nicht. «Ich sperre dich ein!» Auch diese Drohung bleibt ohne Wirkung. «Entschuldigen Sie! Schmusi ist zudringlich, weil ihre Menschenfreundlichkeit keine Grenzen kennt.»

Andrea hebt mit der linken Hand den Dackel hoch und klemmt ihn unter den Arm. So bleibt ihr die Rechte frei, um ihre Gäste zu begrüßen. Und während sie vorangeht, überschlägt sie in Gedanken die Vorräte: ‹Ob der Salat reicht? Und Bier haben wir auch nicht im Hause. Mit einem Mann haben wir ja auch nicht gerechnet. Sieht nicht schlecht aus. Aber seine Frau scheint nicht viel Geschmack zu haben, sonst ließe sie ihn nicht so herumlaufen. Mehr als salopp, und dann diese Farben! Unmöglich – diese Krawatte zu dem Rock.›

‹Ein kleines Paradies, dieser helle Garten. Birkengrün über Blumen aller Sorten. Ein herrlich wildes Beieinander und Durcheinander...› Franks Gedanken werden von der Frauenstimme unterbrochen.

«Diese Wildnis hier. Sie werden entsetzt sein. Aber mein Vater liebt es leider so, so...»

«So ohne Gartenschere, das kann ich ihm nachfühlen», antwortet Frank impulsiv.

«Nehmen Sie diesen Platz, mit Blick nach draußen», empfiehlt Andrea. Es klingt kühl.

In bequemen Sesseln untergebracht, tastet man sich gedanklich voran, Schritt um Schritt, denn in dem Menschen, dem man zum ersten Mal begegnet, liegt eine fremde Welt. Frank neigt seinen Oberkörper ein wenig vor, und noch bevor er etwas sagen kann, hat der Hund einen kurzen Anlauf genommen, springt, stößt mit der Nase gegen sein Kinn und hängt dann mit den Beinen über seinen Knien. Und während er der Kleinen hilft, sich bequem zu legen, indem er seine Beine nahe zusammenschiebt, entschuldigt sich Andrea für diesen Überfall. ‹Ihr Blick ist plötzlich nur noch sanft›, denkt Frank, der Mann mit der unmöglichen Krawatte. Und er krault Schmusi genau an der Stelle, an der sie so gern gekrault sein will.

‹Diesen Onkel Frank schickt der Himmel; er hat so ziemlich alles, was meine liebe Schwester zum Widerspruch reizt, und somit ist sie beschäftigt, und ich habe Tessa für mich, dieses Mädchen, das – man könnte glatt poetisch werden...› – «Darf ich Ihnen mal einige meiner Bänder spielen? Oder meine Arbeiten zeigen?» – Und sein Blick sagt: Ich möchte mit dir allein sein.

«Jörg, hol doch mal den Salat herein, und die Platten.» Andrea sagt es freundlich, aber bestimmt.

Jörg blickt auf Tessa hinab, als nehme er Abschied vor einer Weltreise. Sie steht auf: «Ich kann Ihnen sicher helfen.»

Er strahlt: «Ganz sicher!»

Das Eßzimmer ist ein kleiner Raum, in dem nur ein hoher, spindeldürrer alter Eckschrank und ein behäbiger runder Tisch Platz haben. Um den Tisch vier Stühle, vier weitere an einer Wandseite. Darüber schöne, aparte Porzellanteller. Links daneben ein Fenster. Davor das Nachbarhaus. Eine große weiße Wand – sonst nichts.

Tessa deutet darauf: «Sie reizt zum Bemalen!»

«Ganz prima, daß Sie genauso empfinden!» Jörg würde diese Übereinstimmung am liebsten mit einer Umarmung feiern. Aber er wagt es nicht, noch nicht; resigniert sagt er: «Diese Wand ist mein Schicksal.»

«Das klingt ja nach Zwang!»

«Es klingt nicht nur so. Sie zwang mich, mir auszudenken, wie man sie beleben könnte. Diese Frage verlangte meine Antwort, und daraus folgte...»

«Noch verstehe ich gar nichts, aber zuerst müssen wir den Tisch decken. Und dann – sagen Sie mir alles!»

«Ja – alles! Ich tue alles, was Sie wollen.»

«Sie halten die Platte ganz schief!!! Schnell...»

Aber es ist schon zu spät, zwei Tomaten rutschen und legen sich auf die Seite.

«Was machen wir jetzt?» fragt Tessa. «Die Decke auswaschen? Aber dann merkt man es ganz arg.» Sie hat die Tomaten eilig auf einen Teller gelegt und das Füllsel mit Löffel und Messer vorsichtig abgekratzt.

«So, und jetzt stelle ich meinen Teller drauf!» sagt Jörg. «Das ist der große Vorteil eines runden Tisches, man kann die Stühle beliebig schieben. Das haben wir fein hingekriegt. Tausend Dank!» Und er blinzelt mit einem lustig-listigen Blick Tessa zu.

Und Tessa flüstert, in der Sprechweise und mit dem gleichen Augenausdruck wie ihre Schwester: «Jetzt haben wir ein Geheimnis! würde Bella sagen!»

Als Jörg dem Thema ‹Geheimnis› intensiv näher zu rücken gedenkt, reißt Andreas Stimme ihn aus seinen Plänen. Schmusi kommt angetrippelt, macht sich mit kurzen Freudenlauten bemerkbar und leckt schnell über Tessas Bein. Jörg sieht es und tadelt: «Aber Schmusi, man kann nicht alles tun, was man gern tun möchte.» Er spielt Empörung und sieht dann Tessa an.

Sie lacht: «Ja, Schmusi, das stimmt. Folg dem Herrchen mal schön!»

An diesem Abend kommt Jörg noch dazu, Tessa einige Leckerbissen aus seinen Bandaufnahmen herauszupicken. Und sie erfährt auch das Ergebnis der schicksalhaften weißen Wand. «Ich bin Graphiker, Gebrauchsgraphiker. Ich verstehe mich gut mit meinem Vater, und ich rechne es ihm hoch an, daß er mir seinen Rat gab – ohne die Bedingung, ich müsse ihn befolgen. Er hätte es sicher lieber gesehen, wenn ich, wie er... Jetzt ist er in Norddeutschland, Porträtauftrag.»

Dann fragt Jörg nach Tessas Wünschen, Ideen, Plänen. Sie erzählen und sie tanzen, und das ‹Du› ist plötzlich da und schon bald ganz selbstverständlich.

Andrea ist in Kampfstimmung, weil der Mann, der ihr in so unerschütterlicher Gelassenheit gegenübersitzt, sie reizt und irritiert, was sie aber nicht gern wahrhaben will. Um dieses Unterlegenheitsgefühl zu überspielen, wird sie mürrisch und kratzig. Auch das nimmt er hin. Mit einem kleinen gutmütigen Lächeln schaut er zu ihr hinüber, legt beide Hände an seinen Jackettkragen und klappt ihn hoch. «So kann man versuchen, sich gegen Unwetter zu schützen.»

Andrea steigt das Blut in den Kopf, und das ärgert sie gründlich. ‹Ich möchte wissen, wie die Frau aussieht, die zu diesem Mann gehört.› Und nach einer Pause fragt sie: «Haben Sie Kinder?»

«Besitzer bin ich leider nicht – bisher noch nicht – aber Teilhaber. Ich darf mich finanziell beteiligen zu allen Festtagen und auch sonst. Ich darf Löcher flicken und Beulen behandeln, und was die Seele betrifft, teilen Madam und ich uns in die Praxis.»

‹Jetzt bin ich kaum schlauer als vorher›, denkt Andrea, ‹denn ich weiß immer noch nicht, was ich wissen will. Ich kann ihn ja schließlich nicht fragen: Sind Sie nun verheiratet oder nicht? Aber es würde mich interessieren, und mit wem, das würde mich auch interessieren.›

«Und wer ist Madam?»

«Die Schwiegermutter meines Bruders. Er nannte sie ‹Madam›, als ihm zunächst das ‹Du› noch sehr ungewohnt und die Anrede ‹Mutti› noch nicht recht über die Lippen wollte. Er brauchte eine Brücke von der

68

‹gnädigen Frau› zur ‹Mutti›, und diese Brücke war ‹Madam›, das ‹gnädige Frau› auf englisch. Im Lauf der Jahre spricht die ganze Familie fast nur noch von ‹Madam›. Der Sinn hat sich gewandelt. Madam bedeutet jetzt: Verehrter Liebling.»

Andrea nimmt ihr Glas, blickt auf die Farbe des Weins und sagt: «Offenbar eine sehr glückliche Familie.» Es klingt fast wie Eifersucht. Und Frank wechselt behutsam das Thema. Er versucht herauszufinden, was ihr im Leben wichtig ist, was ihr gefällt. Ihr Gesicht und die Art, wie sie sich bewegt, ziehen ihn an. Die Dämmerstunde, die er so liebt, hatte sie abgekürzt mit künstlichem Licht. Die Rosen, die Tessa brachte, stehen zwar geschickt geordnet in einer schönen Vase, aber sie zeigt nicht, daß sie sich daran freut. Vielleicht ist ihr Beruf das einzige, das sie interessiert.

Und Frank steuert auf diesen Beruf zu. Sie ist der Typ der Karriere-Frau, selbstbewußt, kühl, sehr elegant gekleidet, mit viel Geschmack. Gepflegte Hände, die Nägel in der Lippenfarbe. Sie wäre eine Attraktion für die kleine Stadt. Man würde tagelang mit viel Kopfschütteln das Ereignis genießen, wenn der junge Doktor sie sich mit nach Hause brächte. Er schmunzelt.

«Darf ich raten, welchen Beruf Sie ausüben, gnädiges Fräulein? In welchem Beruf ich mir Sie denken könnte.»

«Raten Sie!»

Er legt die Hand vor die Augen, als brauche er die Dunkelheit, um besser nachdenken zu können.

‹Schön geformte Hände hat er›, denkt Andrea. ‹Aber ich will nicht wissen, was sonst noch alles schön an ihm sein mag.› Immer wieder Abwehr, weil einer sie betrogen hat.

Frank blickt sie groß und gespielt durchdringend an: «Ich sehe Sie in einem Modesalon bester Qualität, als Herrscherin!»

«Wenn Sie es nicht wußten, dann haben Sie sehr gut

69

geraten. Modesalon stimmt. Herrscherin – stimmt nicht, dazu fehlte das Kapital und noch einiges mehr, so zum Beispiel die Geschäftstüchtigkeit.»

«Wenn Ihnen da etwas fehlt, dann fehlt es Ihnen genau an der Stelle, an der auch ich mangelhaft bin. Meine liebe Familie macht mich des öfteren darauf aufmerksam.»

Als Andrea von ihrer Arbeit spricht, kommt Tessa herein, hinter ihr folgt Jörg. Wir müssen uns mal sehen lassen, hatte sie Jörg erklärt, und jetzt hört sie das Wort ‹Boutique›.

«Der Beruf ist keine Spielerei mit hübschen Kleidern, wie manche Mädchen glauben», sagt Andrea.

Jörg schiebt Tessas Sessel so, daß er möglichst nahe neben dem seinen steht. Aber Tessa ist jetzt ganz bei dem, was Jörgs Schwester erzählt.

«Es ist so schwierig, Frauen davon zu überzeugen, daß man es gut mit ihnen meint.» Andrea ist in Gedanken bei ihren Kundinnen und blickt erstaunt auf, als Dr. Roland ihr impulsiv zustimmt. Er tut es mit ernstem Gesicht, aber Tessa und Jörg spüren den Schalk, und Jörg wiederholt: «Es ist so schwierig, Frauen davon zu überzeugen, daß man es gut mit ihnen meint.»

Andrea lächelt. «Wie schnell Männer schalten, wenn's darum geht. . .»

Jörg läßt seine Schwester nicht aussprechen: «Wenn's darum geht, es mit Frauen gut zu meinen.»

«Leider bleiben wir meist unverstanden», setzt Frank noch hinzu.

Andrea blickt gegen die Decke und schüttelt den Kopf.

Tessa, unbekümmert wie immer, bittet Andrea, noch mehr von ihrer Arbeit in der Boutique zu erzählen. Schließlich fragt sie: «Glauben Sie, daß ich mich dafür eigne?»

«Ich kenne Sie noch nicht gut genug. Aber Sie haben

Ähnlichkeit mit meiner Freundin. Sie ist resolut, unbeschwert, meist fröhlich und hat nicht meinen Hang zur Vollkommenheit, das heißt, etwas bescheidener ausgedrückt: Sie hat nicht wie ich die Absicht, Menschen mit aller Energie zu ihrem Glück zu zwingen. Sie ist ein Ausbund an Unbekümmertheit, und ich bin das Gegenteil davon. Meine Freundin ist prädestiniert für diesen Beruf. Ich bin's nicht.»

Als Tessa und ihr Onkel sich später verabschieden, sagt Andrea, Tessa die Hand reichend: «Sie können gern mal hineinschnuppern in meinen Beruf. Ich spreche mit Claudia.»

«Ach das wär' schön! Herzlichen Dank!»

Während Frank sich von Andrea verabschiedet, drückt Jörg Tessas Arm. Und Schmusi schafft es eben noch, mit ihren rauhen Pfoten den linken Strumpf ihrer neuen Freundin zu zerstören.

6 Take my heart, and please don't break it…

Madam sitzt in ihrem Wohnzimmer in ihrer Lieblingsstellung. Sie hat herausgefunden, daß sie sich am besten ausruht und entspannt, wenn sie die Beine auf den Tisch legt. Der Sessel ohne Armlehnen läßt ihr Bewegungsfreiheit, und so genießt sie nach dem anstrengenden Tag diese Stunden vor dem Zubettgehen, ein Buch auf dem Schoß oder den Schreibblock, denn sie hat viele Freunde rundum in der Welt. Schon ihr Mann hatte sich über diese Haltung amüsiert, die ihm anzeigte, daß sie mit ihm und mit sich selbst zufrieden war.

Sie nimmt eben ein neues Briefblatt, als es klopft.

«Darf ich noch stören?» fragt leise eine Männerstimme.

‹Aha! Frank geht noch um...›, und sie ruft: «Nur dann Eintritt gestattet, wenn ich so sitzen bleiben darf, wie ich eben jetzt sitze.»

«Du bist doch nicht in der Badewanne?» flüstert er zurück.

«Nein! Viel schlimmer!»

«Dann komm’ ich! Ich weiß es zu schätzen, Madam, daß...»

«Nimm dir die Fußschaukel, sie ist besser als nichts.»

«Wunderbar! Hier bin ich Mensch, hier darf ich’s sein! Madam, du bist entschieden zu früh geboren worden. Dein Typ ist von mir gefragt.»

«Ach, Onkel Franki, du hast eine so nette Art, etwas Erfreuliches zu sagen.»

«Lenk nicht ab, Madam. Du bist natürlich viel zu taktvoll, mir so mir nichts dir nichts zu eröffnen, daß ich auch vor dreißig Jahren bei dir keine Chance gehabt hätte.»

In Gedanken blickt sie zurück. «Das möchte ich nicht behaupten. Ich hätte ein bißchen an dir herumerzogen. Natürlich im Zeitlupentempo. Geduld ist alles. Ich hab’ mal Esel dressiert, weißt du.»

«Aha! Ich verstehe. So gründlich hat sich ein junges Mädchen damals auf die Ehe vorbereitet.»

Beide verkneifen sich das Lachen. «Hol uns etwas zur Erfrischung, Frank! Bitte!»

«Eine Unterhaltung mit dir – ist – eine Erfrischung!»

«Deine Worte sind Musik in meinen Ohren, und zur Musik gehört für mich ein Glas Wein. Ich bevorzuge die südlichen Lagen.»

‹Es ist nicht ungewöhnlich, daß Frank mir noch spät abends einen Besuch macht. Er weiß, daß ich ein Nachtfalter bin, und auch er findet später ins Bett als sein

Bruder und seine Schwägerin. Aber heute, dieser Besuch, da gibt es doch etwas... Ich werde nicht fragen. Das, was Tessa angeht, weiß ich in Kurzform ja schon von ihr. Sie findet *ihn* ganz prima. Ich wünsche ihm keine Enttäuschung.›

Frank kommt zurück und füllt die Gläser. «Es war interessant, heute abend. Es gibt viel mehr verkrampfte Zweibeiner, als man glaubt. Sicher wäre es gut, wenn man sich anpaßte, aber das fällt mir so schwer.»

«Onkel Franki, du bist ein Schatz!»

«Ich habe nicht den Eindruck, heute abend dafür gehalten worden zu sein. Kurz und präzis gesagt: Ich möchte gern dein Urteil hören.»

«Wenn du dich noch ein klein wenig genauer ausdrücken wolltest.»

«Vielleicht könntest du dir ‹sie› mal ansehen, unverbindlich.»

«Ah – ansehen... Ich – ‹sie›?»

«Ja, der Weg ist einfach. Du kaufst dir irgend etwas Verrücktes.»

Madam unterbricht ihn: «Die Zeiten habe ich hinter mir. Endgültig!»

«Vorsicht! Endgültig ist ein gefährliches Wort. Es kann so hämisch grinsen. Also du kaufst dir etwas Ausgefallenes in dieser Boutique, in diesem Modesalon, und dabei lernst du sie kennen. Groß, schlank, braunes Haar, braune Augen, und...»

«Und?»

«Schwer zu sagen.»

«Verstehe.» – ‹Das Schwerzusagende ist der Grund, weshalb er mich in eine wahrscheinlich sündhaft teure Boutique schickt, um mir irgend etwas Verrücktes zu kaufen.›

«Danke Madam! Ach, fast hätte ich's vergessen... nur nachmittags... Der Wein ist wunderbar. Auf dein Wohl!» Und als er sich verabschiedet, sagt er: «Falls

Tessa es dir noch nicht erzählt haben sollte: Sie interessiert sich ernstlich für den Beruf, in dem Modesalon, deshalb möchte ich dir empfehlen, dir den Arbeitsplatz einmal anzusehen.»

Madam zieht ihm die Hand weg, über die er sich gerade beugt: «Bist du so scheinheilig, oder tust du nur so?»

«Ich bin's... Aber du willst sicher noch mehr wissen: Der junge Mann ist sehr nett. Das ganze Zuhause macht einen guten Eindruck... Dieser Garten! Wenn Gladur dort hineingeraten würde!»

«Gladur ist das Stichwort: Wir müßten einen Kutschwagen haben. Gebraucht vielleicht. Streck doch mal deine Fühler aus, Frank!»

«Ich denke, du wolltest reiten?»

«Wie stellst du dir das vor, mein Lieber? Im Sattel vor mir Bella, hinter mir Lexi, unter mir mein Pferd, das unbekannte Wesen. Ich beginne zunächst einmal ohne Tuchfühlung, das ist mein fester Entschluß.»

«Seit wann?»

«Seit heute abend, als er sozusagen im Schlußsprung über den Zaun gesetzt hat. Stell dir vor, wir drei hätten auf seinem Rücken gesessen, als er steil hoch ging.»

«Eine Zirkusnummer!»

«Lach nicht! Sag mir lieber: Was wollte er auf der anderen Seite des Zauns, wenn er nicht an Flucht dachte?»

«Tja – the grass is always greener on the other side of the fence.» *

«Ja, das muß es wohl sein. Und das denkt dieser Werner auch, der jetzt über den Zaun setzt, um zu Tessa zu kommen, da er seine Weide wohl schon zu gut kennt.»

«Für manch einen ist das ein Grund, sie immer mehr

---

* Auf der anderen Seite des Zaunes ist das Gras stets grüner.

zu schätzen, andere dagegen... Ich will morgen abend mit Irmi sprechen.»

Bella, zum erstenmal in einem bodenlangen Nachthemd, kommt die Treppe herab, um sich in der neuen Pracht zu zeigen. Ihr Glück, so schön zu sein, will sie mit möglichst vielen teilen. Als erster begegnet ihr der Vater, der durch die Diele geht. Auf der drittletzten Stufe angekommen, reckt sie ihre Winzigkeit und ruft: «Vati, sieh mal! Jetzt bin ich der Liebe Gott!»

Der Vater möchte diesen süßen Lieben Gott auf die Arme nehmen und ganz menschlich an sich drücken, aber er tut es nicht, er respektiert ihren Wachtraum, beugt sich der majestätischen Haltung und lobt: «Wunderbar siehst du aus in dem langen Gewand!»

«Ob ich noch mal schnell zu Gladur gehn soll?»

«Besser nicht, mein Herzchen. Er könnte erschrecken, weil er dich so ja nicht kennt.»

«Er kann doch an mir schnuppern, dann riecht er mich!»

«Los, Bella, komm! Sonst liest Omi uns nichts mehr vor!» ruft Lexi von oben, beugt sich über das Geländer und wirft dem Lieben Gott einen Teddybär auf den Kopf.

«Aua, laß das sein!!» zischt es aus dem langen Nachthemd, das eiligst die Treppe hinaufsteigt. «Irmi! Guck mal!»

«Keine Zeit!»

«Immer hat sie keine Zeit», brummelt Bella. «Bloß gut, daß wir Omi haben.»

Dieser beglückende Gedanke erhellt ihr Gemüt und ihr Gesicht, und zärtlich drückt sie sich an Omis Arm. Wie fast jeden Abend sitzt Madam am Fußende von Lexis großem Bett, die Beine hochgelegt, Lexis riesigen Cowboyhut auf dem Kopf, der ihren Augen das helle Licht, das sie zum Lesen braucht, fernhält.

Lexi hat sich ein Märchen gewünscht. «Oder erzähl von früher, Omi, als du klein warst, das ist das schönste.»

Und Omi erzählt von früher, als sie klein war, und sie liest auch noch ein Märchen vor, und zum Schluß betet sie. Es ist ein altes, langes Gebet. Als sie geendet hat, sagt Bella: «Omi, *das* Märchen war schön!»

Es ist, wie immer, schon acht Uhr, als Bella in ihr Zimmer läuft, in ihr Bett kriecht und von Omi noch zugedeckt wird. «Und jetzt hältst du Ruhe und schläfst ganz schnell ein. Morgen ist ein neuer Tag. Ihr wißt ja, wer jetzt noch herumtobt, hat morgen nicht ausgeschlafen und darf nicht zu Gladur.»

«Kleine Kinder – kleine Sorgen. Große Kinder – große Sorgen», murmelt Madam. ‹Ich habe nicht den Eindruck, daß Irmi von meinen Erfahrungen profitieren will. Auch wir hatten unsere Probleme. Haben wir von den Erfahrungen der Alten profitiert?? Selten – oder nie! Lexi hat mir schon letztes Jahr eröffnet, daß er mich heiraten will. Er hat schon Pläne gemacht, schöne Dinge aufgezählt, die er mir schenken will. Ein tolles Auto – und ein Pferd, nein zwei, für uns beide – und einen großen Hund, einen ganz lieben – und ein Boot, auf dem See... Ihn beeindrucken noch die Warnungen, die ich ausspreche, die Ratschläge, die ich gebe. Aber wie lange noch?›

«Hereinkommen, bitte!»

«Danke!»

Frank küßt Irmi die Hand, hebt ihren Arm und legt ihr die Mitbringsel hinein: eine Langspielplatte und zwei Rosen.

«*Du* wärst ein perfekter Liebhaber!» Liebhaber ist ihr herausgerutscht, und ihr hübsches Gesicht bekommt etwas Farbe und ein Lächeln. «Solch einen Mann gibt es nicht mehr.»

«Danke für das Kompliment! Dennoch muß ich dir

76

widersprechen. Ich kenne einen. Leider konnte ich ihn dir nicht vorstellen. Obwohl ich das geplant hatte.»

«Geplant? Und davon weiß ich gar nichts! Du bist sparsam mit Worten, wie Tessa.»

«Oh, du bist zur Zeit ebenso sparsam.»

Frank sitzt Irmi gegenüber. ‹Ihr Zimmer ist verändert. Die riesigen Plakate, Theateranzeigen, Kalenderblätter in der Manier des Jugendstils bedecken nicht mehr die Wände. Zu ihren oft revolutionären Ansichten die Vorliebe für das Alte – ein Biedermeiersekretär, der dazu passende Stuhl davor, eine Lampe, deren Geburtsjahr ein Jahrhundert zurückliegt... Und ich sitze in einem Samtsessel der letzten Saison. Alt und jung verträgt sich gut.› Frank wird aus seinem Sinnieren gerissen.

«Und wer war der Eingeplante?»

«Ein Bekannter von mir, ich möchte fast Freund sagen. Er hat Gladur in seinem Transporter hierhergebracht. Leider mußte er noch am selben Tag nach Hause zurück. Wirklich schade.»

«Seit wann kennst du ihn?»

«Seit ich mich für die Robustpferde interessiere.»

«Du scheinst ihn gut zu kennen.»

«Glaubst du, ich würde einem Menschen meine Pferde Wochen und Monate anvertrauen, den ich nicht gut kenne?»

«Deine Pferde? Pferde?»

«Ja – ich habe zwei. Es sollte auch eine Überraschung sein, eines Tages. Nun kennst du mein Geheimnis.»

«Hast du nur eins?»

«Ja, zur Zeit, ja. Aber ich verspreche dir, mich wieder bei dir einzuladen, wenn es ein neues gibt, falls du nicht gleichzeitig verlangst, daß ich dir alle meine ‹Sünden› beichte.»

«Das wäre sicher zuviel verlangt.»

«Du solltest viel häufiger lächeln, es kleidet dich wie Samt und Seide. Und jetzt erzähl mir etwas von dir.»

77

«Es gibt nicht viel, das du nicht kennst. Die Schule – bald habe ich sie hinter mir. Mit Vati bin ich ab und zu auf Praxis. Du weißt ja, kein leichter Beruf. Vati hat zwar Kolleginnen, aber sie sind etwas robuster als ich.»

Sie sieht den Vater, wie er operiert, wie er einen Kaiserschnitt macht, sie sieht ihn, wie er hinter einer Kuh steht und die Nachgeburt lösen muß, die nicht auf natürliche Weise herauskam. Einen Gummihandschuh, der hinaufreicht bis in die Achselhöhle. Von den Gummifingerspitzen tropft blutiger Schleim... Sie sieht sich selbst einer Kuh den Magen ausräumen. Fast zwei Eimer Inhalt. Ein komisches Gefühl, wenn man zufassen muß, während der Magen weiterarbeitet. Irmi denkt auch an die Seuchen, von denen die Tiere befallen werden...

«Es ist gut, Tieren helfen zu können, und es gibt auch in diesem Beruf Idealisten. Ich möchte schon, aber...»

«Du die kleinen Tiere und dein Vater die großen. Und womöglich heiratest du einen Tierarzt; ihr wäret doch ein gutes Gespann. Die ‹handlichen› Fälle behältst du, die ‹unhandlichen› schiebst du an deinen Mann ab. Wäre das nichts?»

«Heiraten!» Sie schleudert das Wort weg wie ein ekelhaftes Insekt, das sich ihr auf die Hand gesetzt hat.

Frank steht auf: «Entschuldige einen Augenblick.» Er öffnet die Tür und kommt mit zwei Flaschen zurück. «Ich habe vorgesorgt. Womit darf ich dich erfreuen: lieblich oder herb?»

«Nicht herb, bitte.»

«Und dazu Musik.»

«Ja. Zuerst die Platte, die du mir mitgebracht hast.» Irmi zieht sie aus der Hülle.

Er nimmt sie ihr aus der Hand. «Darf ich? Laß dich überraschen. Bei Nichtgefallen zurück an mich. Wir fahren in die Stadt, und du nimmst, was dir gefällt. Diese hier ist nicht neu, und es war schwierig, sie noch zu bekommen.»

Frank hat sich neben Irmi gesetzt, auf das kleine gemütliche Sofa.

«Ich möchte gern rauchen. Du auch?»

Und er antwortet: «Ich auch. Aber keine Zigarette, wenn ich nicht muß.»

«Du mußt nicht. Ich werde keinen Mann zu seinem Glück zwingen.»

«Für so töricht habe ich dich auch nicht gehalten», sagt Frank leise, und legt seinen Arm hinter Irmis Rükken auf das Polster.

Zärtliche Lieder – von einer zärtlichen Männerstimme gesungen. Frank summt kaum hörbar die Melodie: «Blumen der Liebe – hast du mir gegeben. . .»

Irmi raucht schweigend ihre Zigarette, und Frank hütet sich, das Schweigen zu brechen. Wird sie von den Erlebnissen sprechen, die sie quälen? Er gibt ihr Feuer für eine zweite Zigarette und füllt erneut die Gläser. Als er die Schallplatte umdreht, sagt sie: «Schön! Magst du sie auch?»

«Ja!»

«Bist du romantisch?»

«Ich glaube schon. . .»

«Immer?»

«Man kann es nicht immer sein.»

«Hast du – schon mal – eine Frau, ein Mädchen verlassen, das dich sehr geliebt hat, und dem du. . .»

Er will warten, bis sie den Satz zu Ende gesprochen hat, kommt ihr dann aber doch zu Hilfe. – «Versprechungen gemacht hattest, wolltest du fragen?»

Irmi nickt.

«Nein, Kleines.»

«Durfte ich das fragen?»

«Ja. Und ich wäre froh, wenn du genauso offen zu mir sein würdest, heute, morgen, oder wann es auch sei.»

Frank sieht auf Irmis Profil, auf diese zarte, sehr schöne Linie.

79

Sie greift nach der Plattenhülle, schiebt sie aber gleich wieder fort. «Du willst, daß ich mich überraschen lasse.»

Die Männerstimme mit dem einschmeichelnden Timbre singt jetzt wieder von der Liebe: «Take my heart, and please don't break it. . .»

Es ist schon fast Mitternacht, als Frank sein Pferd sattelt. ‹Ich könnte ohnehin noch nicht schlafen. Es wird mir nie gelingen, Tränen hinzunehmen wie den Regen. Das arme Ding, meine Kleine! Dieses Lied. . . Take my heart, and please don't break it. . . Ich hoffe, sie hat Vertrauen zu mir, so wie früher, als sie wirklich noch meine Kleine war, ich hoffe, sie kommt, wenn sie nicht mehr allein die Hürden nehmen kann, die das Leben immer wieder vor uns aufbaut.›

Frank reitet durch die Felder. Im einsam gelegenen Bauernhof links an der Straße sind alle Fenster dunkel. Natürlich, denn für die Leute ist um vier Uhr in der Frühe die Nacht zu Ende. Gladur geht leicht, fast graziös, auf dem weichen Landweg. Er ist kaum zu hören. Zur Rechten, hinter einer langen Einfahrt, hohe Bäume. Der Park, der das alte, große, unbewohnte Haus umschließt. Auch hier Stille und Dunkelheit. Nein, über den Bäumen blitzt es auf. Ein Lichtschein geistert. . . Seltsam. Sind das nicht Blinkzeichen? Plötzlich ist der helle Punkt verschwunden.

Erst viel später erinnert sich Frank dieser nächtlichen Erscheinung, von der er jetzt noch nicht weiß, daß sie zu einem Abenteuer gehört. . .

Auch Andrea ist von der Dame sehr angetan, die guten Geschmack zeigt und offen bekennt, daß sie des Preises wegen doch noch einmal überlegen möchte, bevor sie kauft. Andrea entschließt sich, ihr etwas ebenso Hübsches, aber wesentlich Preiswerteres zu zeigen. Für ehrliche Kunden mit echter Bescheidenheit hat sie vorgesorgt. Und um die ehrlichen herauszufinden, hat sie ‹den sechsten Sinn›, wie ihr Bruder es nennt.

Die Dame probiert das Kostüm. Es sitzt tadellos. Andrea schiebt die Hände unter das Revers, eine kurze, geschickte Bewegung, dann tritt sie zurück und gibt den Spiegel frei.

«Das Türkis ist sehr kleidsam. Ich gefalle mir. Ihr Verdienst! Danke!!»

Andrea wehrt ab, aber die Kundin betont noch einmal: «Ihr Verdienst! Sie haben genau das herausgefunden, was zu mir paßt.»

Die junge Dame, groß, schlank, braunes Haar, braune Augen, wie Frank sie beschrieben hat, reicht Madam jetzt die große Papiertasche mit dem dunklen Medaillon darauf, das, mit Schnörkeln verziert, auf Biedermeierstreifen sitzt. «Wir sehen uns wieder!» lächelt Madam.

Als Andrea an diesem Abend nach Hause kommt, öffnet sie, wie immer, ohne großes Interesse den Briefkasten. Da fällt ihr etwas Rundes, in Seidenpapier Gewickeltes entgegen. Ein Veilchensträußchen. Und auf einem winzigen Begleitzettel die Worte: Nochmals Dank für Ihre Mühe! Die Kundin im Türkis-Kostüm.

Das Veilchensträußchen rutscht Andrea aus der Hand. Aber bevor die Dackelzähne zufassen können, hat sie es in Sicherheit gebracht. «Wehe, wenn du mir dieses Sträußchen zerpflückt hättest! Es hat Seltenheitswert!» Andrea geht an der herrlichen Blumenpracht ihres Gartens vorbei ins Haus. «Jörg! Hast du eine Ahnung, wer heute nachmittag am Briefkasten war? Und woher weiß sie, wie ich heiße und wo ich wohne?»

«Ich hab’ ja keinen Röntgenblick! Und ob er mir freie Sicht durch die Büsche verschaffen würde. . .»

«Du hättest ja zufällig am Törchen sein können.»

Er sieht auf das Veilchensträußchen. «Lag das etwa im Briefkasten?»

«Ja!»

«Ein neuer Verehrer! Ganz diskret. Ohne Mitwisser im Blumenladen. Herr Dr. Frank Roland, unter Umständen!»

«Unter gar keinen Umständen!»

«Au! Beiß doch nicht gleich! Mir gefällt er prima. Übrigens, Vaters Rückkehr steht bevor. Die Karte liegt auf der Truhe. Und – morgen streiche ich die restlichen Türen.»

«Morgen? Ich dachte, das hast du heute gemacht. Deine Ferien sind bald...»

«Ich bin abgelenkt worden.»

«Mit deinen Gedanken kannst du ja auch bei ihr sein, wenn du Türen pinselst. Mein Zimmer wolltest du mir auch noch tapezieren.»

Während dieses Gesprächs, das von der Diele aus durch die Tür geführt wurde, hat Andrea sich umgezogen.

«Ich habe Bauernfrühstück für uns ‹präpariert›», verkündet Jörg.

«Ich riech' es.»

«Du könntest mich ruhig ein bißchen liebevoller behandeln.»

«Deine Frau wird mir einmal dankbar sein, daß ich dich abgehärtet habe.»

«Nach dem Rezept: Jeden Tag eine kalte Dusche. Aber ich mache nur mit, wenn sie mich hinterher schön trocken rubbelt. Du hast das nie getan!»

«Ich bin ja auch nicht deine Frau!»

«Aber daß du für den reizenden Onkel Frank... Für diesen Supermann...»

«Wenn ich schon ‹reizend› höre oder ‹Super› im Zusammenhang mit Mann, sehe ich rot!»

«Schmusi, geh in Deckung! Meine Schwester, dein Frauchen, kämpft gezielt.»

«Mach mich nicht schlecht bei meinem Hund!» Andrea drückt ihrem Bruder das vollgestellte Tablett in die Hand. «Ich möchte bloß wissen, was – oder wer – dich heute nachmittag abgehalten hat, die restlichen Fenster zu streichen.»

«Türen! Türen sind es, wenn es erlaubt ist, die Dame zu verbessern.»

7 Ab sofort: neuer Kurs auf Sonnenseite

«Merkwürdig! Heute schon wieder dasselbe. Das Telephon läutet, und wenn ich meinen Namen sage, meldet sich niemand.»

Irmi nickt ihrer Mutter zu. «Ja, auch bei mir. Komisch ist das. War mal eine Weile Ruhe – und jetzt. . .»

«Mußt mich mal drangehn lassen», sagt Lexi. «Vielleicht. . .»

«Oder mich mußte drangehn lassen.» Die zwei S sind eine Gefahr, sie schieben sich in Bellas Zahnlücke und kommen heraus wie eine Rakete.

«Nimm den Finger aus dem Salat, Bella. Nimm den Schieber!»

Bella schickt einen entrüsteten Blick zu Irmi, ihrer großen Schwester, kommt aber der Aufforderung nach. «Wo is eigentlich der Wärner?» fragt Bella und gibt dem e in Werner ihre Spezialfärbung. «Warum kommt der Wärner nicht mehr?»

«Er ist verreist», antwortet Irmi in einem Ton, der Bella sagt, daß weiteres Fragen nutzlos ist.

«Ist ja auch egal, der spielt ja doch nicht mit mir», stellt Bella fest.

Tessa blickt auf Lexi und sitzt auf heißen Kohlen.

Madam lenkt schnell auf ein anderes Thema. «Was

ich heute gesehen habe!» Sie weiß es in diesem Augenblick selbst noch nicht, aber es wird ihr wohl noch früh genug einfallen.

«Was hast du gesehen, Omi?» fragen die Kinder.

«Ratet mal!»

Sie raten noch, als die Haustürglocke anschlägt.

«Vati!» schreit Lexi. «Vati!» schreit Bella und kommt nicht schnell genug vom Stuhl. Tessa hält die Tischdecke fest. Bella stolpert, rafft sich auf und stürzt dem Familienboß in den schon freigehaltenen rechten Arm. Im linken hängt Lexi.

«Solch eine Starrolle wäre meine Traumrolle», lächelt Frank resigniert.

«Aber Onkel Franki, bei dir ist doch noch alles drin», lacht Tessa. «Laß mich mal machen! Unter meiner Regie. . .»

«. . . gehst du baden», vollendet Irmi den Satz, um den Mund das unfrohe Lächeln, mit dem sie fast alles, was von ihrer Schwester kommt, abzutun pflegt.

‹Irmi sieht schlecht aus›, denkt Madam, und sagt: «Der neue Pulli steht dir glänzend!»

«Danke, danke, Madam!» ‹Bloß schnell von mir ablenken!› Und sie fragt: «Darf man wissen, was du heute nach Hause brachtest? Die Tüte sah nach teuer aus.»

«Bin ich schon wieder aufgefallen?» lacht Madam. «Dein Fenster liegt zu günstig, Irmi. Du hast die Kontrolle über alles und jeden, der ein- und ausgeht. Gladur ausgenommen.»

«Ich muß mir ja auch allerhand Kontrolle gefallen lassen.»

Das klingt wieder bissig. ‹Armes Kind›, denkt Madam und sagt: «Wir dürfen sicher aufstehn, damit Mutti und Vati entlastet werden. . .»

«. . . von der lieben Familie», lacht Tessa. Sie stellt die Teller zusammen, die nicht mehr gebraucht werden, und bringt sie in die Küche.

Der Ton macht die Musik. Bei Irmi wäre er spöttisch gewesen, bei Tessa ist es ein fröhlicher Posaunenstoß. Madam zieht die Lippen breit und denkt dabei an ein Telephongespräch. – Während sie mit den Kindern das Badezimmer ansteuert und Frau Eva ihrem Mann am Eßtisch gegenübersitzt, läßt Frank sich von Irmi zu einem Cognac einladen. Tessa schließt sich an, was Irmi gar nicht erwünscht ist.

Frank gibt Irmi Feuer. «Rauche nicht mehr als vier im Tag, please!»

Irmi gibt den Rauch langsam frei. Tessa sagt irgend etwas. Und dann spricht Frank... In eine Pause hinein fragt Irmi: «Woran denkst du jetzt, in diesem Augenblick, mit einem – einem ganz gewissen Lächeln?»

«An das Veilchensträußchen, das ich heute nachmittag einer Dame in den Briefkasten gesteckt habe, mit einem Kärtchen daran, das nicht von mir stammt.»

«Gibt's denn so was?» ruft Tessa.

«Ja, so etwas gibt's. Und jetzt möchte ich eben nochmal nach Gladur sehen.»

«Nein! Erzähl zuerst! Wer war die Dame? Womöglich bin ich eifersüchtig», lacht Irmi.

‹Wie sie sich das Lachen abquält›, denkt Frank, und aus diesem Gedanken heraus sagt er: «Ärztliche Verordnung: Ab sofort: neuer Kurs auf Sonnenseite! Keinen Sex-Grusel-Schock-Tristesse-Bestseller mehr! Weder in der Literatur noch im Film. Ab sofort keine das Tageslicht scheuende Kellerbar, sondern Gartenpartys in Licht, Luft, Sonne oder Regen. Für Teint und Seele das beste Schönheitsmittel.»

Irmi hat ihn unterbrechen wollen, aber bei aller Liebenswürdigkeit ist Frank nicht bereit, sich unterbrechen zu lassen, wenn er nicht unterbrochen sein will.

Jetzt sagt Irmi spöttisch: «Wie alt bist du eigentlich, Onkel Frank?»

«Da du es anscheinend vergessen hast, genau dreizehn

Jahre älter als du und vierzehn Jahre jünger als dein Vater.»

«Und die modernen Autoren gewisser Literatur sind für dich. . .» Irmi sucht nach dem passenden Wort.

«Sind für mich uninteressant. Ich bin arrogant genug, um zu sagen: Ich verlange mehr als Wortakrobatik, in Schmierigkeit verpackt. Und das Argument ‹Die Welt ist aber so. . . man muß sie so zeigen› zieht bei mir nicht, denn ich kenne die Welt auch, und ich kenne sie von ihrer schönen Seite. Und jetzt entschuldigt mich, mein Freund Gladur wartet.»

«Ein toller Mann! Er hat Feuer, und er fürchtet sich vor nichts», sagt Tessa. «Weißt du noch, wie er das Auto aus der Garage holte, obwohl sie schon brannte. Und. . .»

Das Telephon läutet.

Irmi springt auf. – Kurz darauf kommt sie zurück: «Wieder aufgelegt!» ruft sie. «Wenn es jetzt nochmals läutet, gehst du dran. Bei dir ist doch noch nie aufgelegt worden, oder?»

‹Ich werde nicht gehn›, denkt Tessa und sagt: «Ich habe lange genug Telephondienst gemacht. Jetzt gönne ich mir mal ein paar Wochen Ferien. Sobald Lexi schreiben kann, wird er das Telephon übernehmen, er telephoniert ja so gern.» ‹Und ich werde heute oder morgen sagen müssen, daß auch bei mir keine Antwort kam.› Sie läuft hinaus auf die Wiese, zu Frank und Gladur.

«Seit Gladurs Einzug spare ich jeden Pfennig. Mein Ehrgeiz: Ein Isländer aus meiner Tasche!»

«Gut, Tessachen!»

«Darf ich mit Gladur noch ein bißchen hinaus? Bis zum Waldrand und zurück?»

«Wenn ich dich begleiten könnte, ja. Reite nur bis zur Feldscheune, das ist auch schon ganz schön.» – Felder, ein Dorf, das man umreiten kann, der einsam gelegene Bauernhof, ein paar hundert Meter weiter die Feldscheune, wieder einige hundert Meter weiter der Park, und dann durch die Wiesen zum Waldrand. – «Ist die alte Villa wieder bewohnt?»

«Ja! Seit einem halben Jahr etwa. Dort wohnt doch die Honigblonde! Deren Viehzeug erkrankt immer genau dann, wenn sie Sehnsucht nach dem Tierarzt hat.»

«Ah! Und ihren jeweiligen Favoriten ‹blinkt› sie sich heran.» Frank legt Gladur den Sattel auf.

«Wie meinst du das?»

«Mir fiel dort ein Lichtschein auf, als ich mit Gladur unterwegs war. Um Mitternacht. . . Ein Lichtschein über den Baumkronen.»

«Sie wird Studien gemacht haben. Vielleicht Lichteffekte in der Dunkelheit ausprobiert.»

Frank verzieht das Gesicht, als leide er unter Zahnschmerzen. «Phantasie hast du, Kindchen. Aber möglich ist alles. Alles!»

«Versteh doch, sie hat sich hierher zurückgezogen, in die Einsamkeit, um zu malen und um ein Buch zu schreiben, eine Autobiographie.»

«Ah! Und darin fehlt noch eine Figur, und das ist dein Vater – mein lieber Bruder.»

«Es ist ein Witz, aber manchmal ist es richtig lästig. Dabei ist sie – was ihre Person betrifft – sehr, sehr eigen. Sie will nie gestört sein. Jeder, der kommen will, muß anfragen, ob es ihr paßt. Irmi war schon mal da, ich glaube schon mehrmals. Aber sie spricht nicht darüber», flüstert Tessa. «Sie hat einen Tick!»

«Wer?»

«Die Honigblonde.» Tessa sitzt auf. Frank gibt Gladur noch einen kameradschaftlichen Klaps. «Macht's gut, ihr beiden!»

Es ist schon zehn Uhr, als es an Tessas Tür klopft.

«Herein – für nette Leute!»

«Ich rechne mich dazu.» Madam drückt die Tür von innen zu und dreht den Schlüssel um.

«Madam kommt in geheimer Mission.»

«Wenn sie die Tür verriegelt, bestimmt.» Sie setzt sich in den Ohrensessel, den sie und Tessa in Gemeinschaftsarbeit neu bezogen haben. Englisches Leinen mit großen Blüten. «Eine Atempause bei dir! Ach, sitzt es sich schön auf Rosen.»

«Die keine Dornen haben», lacht Tessa. «War das wieder mal prima heute! Ach, prima sagt nicht genug. Märchenhaft war es!» Und dann schildert Tessa ihren Ausflug mit Gladur und läßt das Erlebte in einer Ausführlichkeit hören, die ganz neu ist. . .

«Weißt du, was mich so riesig freut: daß ich nicht enttäuscht worden bin. Oft habe ich mir vorgestellt, wie es sein wird, ‹hoch zu Roß›! Ein Spaziergang mit meinem Pferd, im ruhigen Tempo und im stürmischen Lauf! Ich habe es mir herrlich vorgestellt, und es ist herrlich!! Bald werde ich mit Franki reiten können, neben ihm, er hat es mir heute gesagt. Ich freue mich! Du weißt ja, daß ich jetzt eisern spare. Meiner lieben Familie werde ich meine Kontonummer diskret zukommen lassen, mit dem Hinweis: Bitte mich zu allen Festtagen nur noch mit Bargeld zu beglücken. Entschuldige, Madam, ich rede und rede, jetzt bist du dran.»

«Ich bin gar nicht sicher, ob es so wichtig ist. Ich wollte dir lediglich sagen, daß ich eine nette Männerstimme kennengelernt habe. Die Stimme des Mannes, mit dem du morgen verabredet bist.»

«Ich bin morgen nicht verabredet.»

«Doch! Morgen nachmittag um drei Uhr. An der Kirche, linker Seiteneingang, Südseite! Also nicht hier bei uns, sondern in der Stadt, an der Kirche, damit er nicht erst das ganze Haus begrüßen muß, außerdem Lexi am Halse hat, außerdem Irmi daran erinnert wird, wie es war und wie schön es sein könnte, wenn auch sie wieder das Glück hätte, und außerdem. . . und außerdem. . .»

«Das soll heißen, daß Jörg angerufen hat und du für mich das ausgemacht hast.»

«Ja, das heißt es!»

«Und du hast so über mich verfügt?»

«Nein, Kindchen, wo werde ich! Du warst ja selbst am Apparat. Das heißt: deine Stimme. Es ist ja nicht das erstemal, daß uns bestätigt wird, wie sehr sich unsere Stimmen ähneln... Und die Tatsache ist Balsam für mich!»

Tessa hat sich hochgesetzt, jetzt läßt sie sich zurückfallen und lacht: «Omi hat ein Rendezvous mit einem jungen Mann. Wenn ich jetzt meine Omi sitzenlasse, dann muß sie hingehen. Ist das lustig!»

«Biete mir eine Stärkung an! Ich hab' sie verdient.»

Tessa geht an ihren ‹Wintervorrat›. «Die letzte Cognacbohne für dich! Ich begnüge mich mit einer Crèmefüllung... Deine Stimme – mein Double – ich hab' eine Idee: *Du* übernimmst den Telephondienst, dann gibt es den mysteriösen Anrufer nicht mehr.»

«Du glaubst also auch nicht, daß ‹er› verreist ist!» Madam steht auf. «Jetzt muß ich mich verabschieden. Es wird noch Besuch kommen. Herrenbesuch.»

«Bist du sicher?»

«Ziemlich sicher. Und vergiß nicht: Morgen nachmittag, linker Seiteneingang, Südseite.»

«Du bist eine Liebe, Omi! Besorg doch bloß Irmi einen netten Freund!»

«Aus dem Katalog, wie Blumenzwiebeln. Danke für die Erfrischung. Schlaf schön.» Sie zieht die Tür zu.

‹Für Irmi einen neuen Freund... Hoffentlich macht der alte Tessa nicht noch Ärger. Gut, daß sie von meinen Sorgen nichts ahnt. Leben ist ein schwieriger Job. Vom ersten bis zum letzten Tag. Dieser Job kennt keine Pause. Zwar, der Schlaf kann eine wundervolle Pause sein, aber meistens sind auch noch die Träume anstrengend.› – «Jetzt die Füße hoch! Nur noch die Füße hoch.» Madam hat laut gedacht und bekommt eine Antwort: «Laß dich bitte nicht stören! Ich habe mir erlaubt, dich hier zu erwarten.»

«Mein Einverständnis voraussetzend. Gut, gut! Mach es dir bequem. Ich bin gleich wieder da.» Sie geht in ihr Schlafzimmer und kommt mit einer großen Papiertasche zurück: Biedermeierstreifen, mit Medaillon. «Befehl ausgeführt!»

«Ich danke dir sehr! Und was sagst du!?»

«Einhundertachtundsiebzig Mark. Extra für mich herausgesucht! Ich habe angedeutet, daß ich mich auch in kleinen Preisen wohl fühle.»

«Und – ‹sie›?»

«Danach habe ich nicht gefragt. Ich bin doch nicht indiskret. Das merkt ihr Mann früh genug, wenn er sie einkleiden muß.»

Frank stöhnt. «Oh, Madam. Ich meine – ist die junge Dame – vertrauenerweckend? Wäre Tessa dieser Umgang zu empfehlen, der Arbeitsplatz?»

«Ooch – ich denke schon. Deine Krawatte paßt absolut nicht zu dem Hemd. Aber Gladur stört das nicht, und die andern geht's nichts an. Bist du eigentlich gar nicht eitel?»

«Ich möchte, daß man die Krawatte vergißt, wenn man mich ansieht. Die Frau, der das nicht gelingt, ist nicht die Richtige!»

«Ah, deshalb bist du noch immer Junggeselle. Aber das ist ein gewagtes Experiment. Die Frau zieht vielleicht falsche Schlüsse.»

«Das sehe ich anders. Sie wird sich freuen, ein Betätigungsfeld zu finden. Ich gebe ihr viel Gelegenheit, bei der Krawatte angefangen.»

«Bis zum Pyjama.» Madam lacht. Dann wird sie ernst. «Lade Irmi mal ein. Geh mit ihr tanzen oder ins Theater. Lenk sie ein bißchen ab. Denk dir etwas aus. Ich mache mir Sorgen um sie. Bring sie auf andere Gedanken.»

«Wenn sie das will.»

«Und was du noch wissen möchtest: diese Andrea ist nicht im Eiltempo durchschaubar. Eins ist fast sicher, sie hat einen Kummer, vielleicht auch zwei. Jedenfalls keine Schablone; eine Persönlichkeit.»

«Madam, mein Kompliment! Unsere Ansichten stimmen genau überein.»

«Das freut mich.» Sie geht ans Fenster und öffnet es. Zigarettenduft kommt von unten herauf. «Irmi raucht zuviel.»

«Mach dir nicht zuviel Sorgen. Mit Liebeskummer muß jeder Mensch irgendwann einmal fertig werden.»

«Aber manch einer bringt sich um.»

Er hebt beschwichtigend die Hand. «Das gibt es... aber laut Statistik aus Liebeskummer mehr Männer als Frauen.» Frank raucht und schweigt.

«Willst du wirklich das Gartenhaus ausbauen? Der Plan ist sehr gut.»

«Das denke ich auch. Und ich werde versuchen, Irmi einzuspannen. Die Inneneinrichtung. Vielleicht macht es ihr Spaß, mich zu beraten und mir zu helfen. Ich habe ihr ja auch etwas zu bieten: Gladur. Ich gebe ihr Reitstunden, und es scheint ihr Freude zu machen. Das ist ja das, was ich wollte, woran ich dachte, als Tessa mich anrief.»

Madam lauscht. War da nicht ein Geräusch? Gladur läßt seine Stimme hören, dann klingt gedämpft eine Menschenstimme. Vom Flurfenster aus überblickt man die Wiese. «Irmi ist noch ausgeritten», sagt Frank.

«So spät, es ist doch schon gleich zehn...»

Mit etwas Verspätung erscheint Tessa zum Rendezvous. Was hatte Madam verabredet: linker Seiteneingang oder rechter Seiteneingang. Südseite? Oder? Bevor sie den Kirchplatz ansteuert, überprüft sie in der Schaufensterscheibe noch einmal ihr Kleid und ihre Frisur.

‹Gesamteindruck – überwältigend!› stellt sie lächelnd fest. Und dieses Lächeln ist auch noch um ihren Mund, als Jörg ihr auf halbem Weg zwischen rechtem und linkem Portal entgegenkommt.

«Hast du schon lange gewartet?» fragt er besorgt. «Ich stehe seit einer Viertelstunde an der Südseite. Du sagtest doch Südseite?»

Tessa faßt sich an den Kopf: «Ich hab' die Himmelsrichtung verwechselt.»

Er strahlt: «Solange du mich nicht mit einem andern verwechselst...» Bezaubernd sieht sie aus. Das gelbe Kleid, zu der braungetönten Haut. Er macht ihr ein Kompliment auf Umwegen: «Andrea würde endlich einmal zufrieden sein, wenn sie dich anschaut. Es wäre ihr zu gönnen, denn mit meiner Kluft hat sie immer Ärger. Meine Idee ist doch gut. Oder?»

«Deine Idee? Welche?»

«Hast du unser Telephongespräch schon vergessen? Wir holen deine Patientin bei Andrea ab, führen sie aus und nach Hause. Im Eisschrank ist Eis à la Jörg, das ich dir auf dem Schaukelsofa im Garten serviere.»

Tessa zieht die Augenbrauen hoch: «Und – alles das haben wir am Telephon besprochen? Gestern?»

«Aber Tessa!»

«Ich schwöre dir, daß ich gestern das Telephon gemieden habe wie die Pest.»

«Wie? Du hast nicht mit mir telephoniert?»

«Nein! Aber das ist doch kein Grund zur Panik. Ich bin ja schließlich hier.»

«Das ist ja unheimlich!» Jörg bleibt mit einem Ruck stehen; ein Mann tritt ihm in die Fersen und schimpft auch noch. «Sag das bitte noch einmal.»

«Ich erkläre alles. Demnächst.»

Es wird ein sehr netter Nachmittag. Lediglich auf sportlicher Ebene läßt sich kein Gleichschritt erzielen.

Tessa schwärmt für die Perspektive vom Pferderücken aus. Jörg will absolut höher hinaus, höher noch als die Vögel. Tessa lehnt es ab, ihm dorthin zu folgen: «Nie! Nie! Nie!»

Um sechs ruft Tessa zu Hause an und erhält die Erlaubnis, noch zum Abendessen bleiben zu dürfen. «Aber punkt zehn bist du zu Hause!»

«Punkt zehn Uhr zu Hause! Danke, Mutt! Ich soll Grüße bestellen!»

«Du darfst bleiben! Herrlich!»

Tessa fehlt plötzlich der Boden unter den Füßen. – Schmusi bellt schrill.

«Laß mich wieder auf die Erde. Mein Patient denkt. . .»

«. . . so verrückt hat der Junge sich ja noch nie angestellt. Und das stimmt.»

Als Andrea um sieben Uhr nach Hause kommt, ist der Tisch gedeckt, der Kartoffelsalat garniert, und die Schnittchen sind belegt.

‹Andrea ist heute viel sanfter›, denkt Tessa. ‹Nicht so nervös wie beim Bienenstich und nicht so abweisend wie bei unserm Besuch. Ob sie aus irgendeinem Grunde Onkel Frank nicht mag? Vielleicht hat er Ähnlichkeit mit jemand, dem sie lieber auf den Rücken sieht. Denn Onkel Frank muß man doch einfach mögen. Ich werde ihn nicht erwähnen›, nimmt sie sich vor und wundert sich, als Andrea das Gespräch auf ihn bringt. Sehr vorsichtig allerdings. Und sie erfährt von Tessa, was sie wissen möchte.

Tessa lacht. «Madam und ich suchen eine Frau für ihn. Das heißt, erst seit einiger Zeit, denn vor zehn Jahren wollte ich ihn heiraten.»

«Und jetzt, hat sich Ihr Geschmack geändert oder haben Sie Mängel entdeckt?»

«Beides nicht. Aber er kennt mich zu gut, da gibt's ja keine Überraschungen mehr.»

Jürgen hebt sein Glas: «Auf die Überraschungen!»

Tessa wird rot, und Jörg wünscht Andrea und sich auch einen roten Kopf, Tessa zuliebe. Er gibt sich Mühe, und wirklich: man kann sogar auf Kommando rot werden, stellt er fest und ist mit sich zufrieden.

Andrea weiß nicht, was sie von Jörgs Farbwechsel halten soll und schickt einen prüfenden Blick zu ihm hinüber. – Seine Antwort: ein ebenso kritischer Blick in ihre Augen, und dann lacht er sein jungenhaftes Lachen, das so wundervoll ansteckend ist. «Sag mal, liebe Schwester, kennst du zwei Menschen ganz verschiedenen Alters, deren Stimmen zum Verwechseln ähnlich sind, Stimme, Sprache, alles zum Verwechseln?»

«Im Moment wüßte ich nicht..., aber das gibt es bestimmt.»

Zur gleichen Zeit sitzt Madam am Telephontischchen und flüstert in die Muschel: «Ich kann nicht lauter sprechen. Versteh doch!»

Und an ihrem Ohr knirscht es: «Ich hab' dich heute mit diesem Kerl gesehen. Aber ich war im Wagen und konnte nicht anhalten, und dann hab' ich euch aus den Augen verloren. Und mit dem gehst du händchenhaltend... Glaub nicht, daß du mich los wirst, so – so reibungslos. Ich sage dir – es gibt eine Katastrophe!»

«Soll ich dir die Polizei auf den Hals hetzen, wenn du mich erpreßt!?»

«Erpreßt!? Erpressen nennst du das, wenn ich dich liebe!?»

Madam muß sich zwingen, nicht laut zu lachen, aber dennoch hat sie ein ungemütliches Gefühl. Sie flüstert: «Schön wär's, wenn ich mit dir vernünftig reden könnte.»

«Du kannst mit mir vernünftig reden, wenn du vernünftige Vorschläge machst.»

«Wenn du mir versprichst, mich vier Wochen in Ruhe zu lassen, dann werde ich mich mit dir treffen. In vier Wochen!»

«Soll ich dir das glauben?»

«Ach, du meinst, weil ich keine Veranlassung habe, dir etwas zu versprechen?»

«Nicht nur hübsch, auch raffiniert bist du. Aber zur Sache: ich glaub' dir. Du siehst so anständig aus, und das verpflichtet.» Er lacht. «Sagen wir vierzehn Tage.»

«Vier Wochen! Keinen Tag früher.»

«Und wo – treffen wir uns?»

«Das überleg' ich mir noch. Ruf zwei Tage früher an, abends um halb neun... Ich bin dann am Apparat.»

«Deine Stimme klingt so verändert, wenn du flüsterst.»

«Kein Wunder, ich bin ja schon heiser vom Flüstern. Und jetzt Ende.»

«Nein, hör zu: Ich will dich nicht mehr mit dem Kerl sehen! Verstanden?»

«Eifersucht ist eine Leidenschaft, die mit Eifer sucht, was Leiden schafft.»

«Wo hast du denn das her?»

«Von meiner Großmutter. Und die hat es von Goethe. Und jetzt Schluß!»

«Nein, hör zu: Kann ich dich wenigstens anrufen!? Sag eine Zeit, damit ich nicht immer auflegen muß, wenn ich jemand andern erwische.»

«Also gut – Freitag abend um halb neun.»

«Du machst mich verrückt, Tessa!»

Und Madam antwortet: «Schone deine Nerven – und meine.» Dann läßt sie schnell den Hörer in die Gabel rutschen und drückt ihn fest. Mit der anderen Hand faßt sie an ihren Hals: ‹Ich bin wirklich heiser... vier Wochen, bis dahin sehen wir weiter. Man soll sich keine Feinde schaffen, wenn es nicht unbedingt sein muß. In vier Wochen... Kommt Zeit, kommt Rat, sagte unsere gute Mutter. Sie hatte es auch nicht leicht – mit drei Töchtern.›

Jörg zieht die Tür auf und hilft Tessa beim Aussteigen. Zärtlich sieht er sie an und sagt Worte, die man sagt, wenn man verliebt ist. Und Tessa findet es amüsant und erfreulich, verwöhnt und geliebt zu werden.

«Hoffentlich macht dir der Freund deiner Schwester keinen Ärger mehr. Ich habe eine Idee! Zieh zu uns! Das Haus ist groß genug.»

«Und wenn du ein Semester nach München gehen sollst, wie dein Vater gern möchte, dann bin ich in dem großen Haus allein, wenn deine Schwester im Geschäft ist oder ausgeht. Denn dein Vater ist oft auf Reisen, sagtest du.»

«Wenn wir heiraten könnten, schon jetzt...»

Ein Fenster wird geöffnet. Tessa zieht Jörg ans Haus und um die Hausecke. ‹Es wird Irmi sein, und sie ist sicher traurig, wenn sie mich sieht, von einem Mann umarmt.› «Nacht, Jörg, ich muß hinein.»

«Wollen wir nicht noch deinem Freund Gladur einen Besuch machen?»

«Du bist durchschaut!» lacht sie und hält sich erschrocken die Hand vor den Mund. Sie gehen am Haus entlang auf die Weide, aber der Isländer ist nicht zu sehen. «Der Sattel ist nicht an seinem Haken, also...»

«Ist ein Reiter mit ihm unterwegs.»

«Ja, wahrscheinlich meine Schwester. Die sucht Ablenkung... Der Kerl ist doch keinen einzigen Gedanken wert. Sie kann einem leid tun. Sie sieht erbärmlich aus, seit... Aber die andern merken's nicht so, sie schminkt sich geschickt, und sie sehen sie ja nur, wenn sie zurechtgemacht ist. Wo mag sie jetzt sein?»

Plötzlich kommt Tessa ein Verdacht. ‹Wenn sie nun nicht nur einen Spazierritt macht, sondern ein ganz bestimmtes Ziel hat? Sie ist jetzt abends schon häufiger ausgeritten; sie spricht nicht darüber, und es hat keinen Zweck, sie zu fragen. Ein ganz bestimmtes Ziel... ist das ein Grund zur Besorgnis? Ist das verdächtig? Nein –

und ja, weil ich im Gefühl habe, daß da was nicht stimmt.›

«An was hast du jetzt so intensiv gedacht?» will Jörg wissen. «Wenn du an mich gedacht hast, darfst du es mir verschweigen.»

Tessa drückt Jörg die Hände vor die Brust: «Laß mich los! Bitte! Es ist... Psst. Das sind Pferdehufe. Schnell, fahr los!»

«Morgen?»

«Ich ruf' dich an!»

Tessa läuft noch zu Madam hinauf. «Das Neueste in Schlagzeilen: War sehr nett! Diese Andrea ist eine Heimliche. Sie hat sich nach Franki erkundigt und war bemüht, nur halb soviel Interesse zu zeigen, wie sie hat.»

«Woher weißt du?»

«So was spür' ich im kleinen Finger.»

Madam nimmt das gelassen zur Kenntnis.

«Übrigens: Jörg ist sehr in Ordnung! Mit ihm kann man Pferde stehlen.»

«Hm. Pferde stehlen... Aber man möchte ja nicht bei Tag und bei Nacht immer nur Pferde stehlen.»

«Ob er zu mehr taugt, weiß ich noch nicht...» Tessa überlegt, dann entschließt sie sich, heute nicht mehr von dem zu sprechen, was ihr eben noch auf der Zunge lag. Madam sieht abgespannt aus. ‹Wenn ich ihr jetzt sage, daß ich ahne, wo Irmi neuerdings Unterhaltung sucht, hätte sie sicher eine unruhige Nacht.›

Madam erinnert an die Schularbeiten, aber Tessa winkt ab. «Ich hab' keine Sehnsucht, das letzte Schuljahr zu verdoppeln. Schlaf schön, und mach dir nicht mehr Sorgen als nötig.»

«Und wieviel hältst du für nötig? Noch etwas: Du warst doch ein- oder zweimal mit dort draußen bei der Dame, Schriftstellerin oder Malerin oder beides... Um Vati mach ich mir keine Sorgen, aber um Irmi.»

«Wie kommst du darauf? Weil ich gesagt habe, daß sie undurchsichtig ist... und süßlich... und Katzenaugen hat, und noch einiges mehr, was ich nicht mag? Aber nette Tiere hat sie. Ob sie ihr allerdings aus der Hand fressen, das wage ich zu bezweifeln.»

«Vielleicht fressen Männer ihr um so lieber aus der Hand.»

«Mag sein. Ich hab' zwar noch keinen dort gesehen, aber das besagt nichts. Sie versteckt sie womöglich.» Es soll scherzhaft klingen; daß es aber nicht scherzhaft gemeint ist, zeigt schon der nächste Satz: «Bist du auch schon mal einem Menschen begegnet, von dem du nachher dachtest: Hätte ich ihn doch nie kennengelernt?»

«Da müßte ich nachdenken. Aber ich glaube, solche Begegnungen hat jeder einmal. Viele spüren's nicht, bis es dann zu spät ist.»

«Sucht Irmi ausgerechnet dort Aussprache und Trost? Glaubst du das auch?»

«Ja. Ich weiß es. Von Onkel Frank. Man braucht kein Detektiv zu sein, um Gladurs Hufspuren zu erkennen. Hier herum gibt's außer ihm keine mittelgroßen Pferde.»

«Wissen wir, was dort gespielt wird?! Irmi müßte weg von hier für eine Weile. Bloß hier weg, das wäre das beste. Dieses verrückte Weib bringt unter Umständen noch unsern ganzen Wigwam durcheinander. Stell dir das vor!»

«Unter gar keinen Umständen will ich mir das vorstellen! Und jetzt gute Nacht, du mußt morgen frisch sein.»

In der Tür stößt Tessa mit Onkel Frank zusammen. Er fängt den Stoß ab und lacht. «Wo trifft sich die Große Welt? Bei Madam!»

Tessa blickt aus den Augenwinkeln, schelmisch und verführerisch. «Um dir Fragen zu ersparen: Es war schön! Du wurdest vermißt.»

«Seit wann erzählst du Märchen?»

«Keine Märchen, nackte Tatsachen! Du hast Andrea gefesselt!»

«So gefesselt, daß sie eine glühende Sehnsucht nach mir hat, die sie mir verschweigt.»

«Soll *sie* dich etwa um ein Rendezvous bitten, oder soll sie dich zum Stelldichein befehlen wie eine Fürstin ihren Pagen? Du würdest doch in die Luft gehen, und gleich so hoch, daß du auf Gladurs Rücken landetest, der dir zur Flucht verhilft...» ‹Auf jeden Fall werde ich morgen einen andern Menschen aus ihm machen, äußerlich.› «Morgen schleppe ich dich in das erste Haus am Platze. Garderobenwechsel!»

Frank streicht über sein Jackett mit den dezent ausgebeulten Taschen, zupft an seiner Krawatte.

Tessa hakt sich bei ihm unter. «In Madams Begleitung würde kein Verkäufer es wagen, dir einen karierten Sakko anzudrehen, bei dem an keiner Naht das Karo stimmt.»

«Aber sonst stimmt doch alles bei mir, oder – oder haben die Damen Gegenteiliges bemerkt?»

«Das muß Andrea selbst entscheiden, ob bei dir alles stimmt.» Tessa haucht ihm einen Kuß in Ohrnähe. «Träum was Schönes!» Die Tür fällt zu, dann wird sie nochmal aufgedrückt. «Höre auf Madam! Ein verrutschtes Karo kann dich deinen guten Ruf kosten.»

«Kann ich mit deiner Unterstützung rechnen, falls ich sie brauche...?»

«Immer!»

Er bleibt an der Tür stehen. Erst als Tessas Schritte nicht mehr zu hören sind, sagt er: «Wenn mich nicht alles täuscht, ist Irmi in einer schwierigen Situation. Hoffentlich macht sie keine Dummheiten, nicht eine noch größere Dummheit, sage ich besser.»

Madam sieht ihn an, als begreife sie nicht. Aber dann weiß sie, was er sagen will. «Glaubst du wirklich? Aber ihre Mutter...»

«Mütter glauben fast immer: Meine Tochter tut das nicht. Mütter haben einen sonnigen Optimismus... Die ganze Angelegenheit wäre ja halb so schlimm, wenn der Partner kein so schäbiger Kerl wäre.»

Madam stützt die Arme auf den Tisch und das Kinn auf die Hände. «Ja, er hat es verstanden, sie zu gewinnen. Und diese Frau jetzt? Was zieht Irmi dorthin?»

«Etwas, das sie hier nicht findet – vielleicht.»

«Aber Trost fände sie doch auch hier.»

«Aber nicht den, den sie sucht... Es ist nur eine Vermutung.»

Er hat Madam noch nicht erzählt, daß er die Bekanntschaft der Dame gemacht hat. ‹Keine reizlose Frau. Nur gut, daß mein lieber Bruder und ich keine Ähnlichkeit haben. – Wenn man eine Dame nach dem Weg fragt, ist eine Vorstellung überflüssig und unüblich, außerdem hatte ich ein Pseudonym schon in Bereitschaft, wäre es zu einer Unterhaltung gekommen.› Um Madam aufzuheitern und abzulenken, sagt er: «Wie soll ich das verkraften, zu dem Wirbel hier auch noch Wirbel mit einer eigenen Familie.»

Sie spricht ihm Mut zu: «Du bekommst ja nicht gleich vier Kinder in allen Größen auf einmal.»

«Mit Problemen für alle Altersstufen.»

«Wer weiß, was sein wird, wenn deine Tochter neunzehn ist.»

«Vielleicht liebt sie wieder Träumerei und Tabus.»

«Ja! Weil es so langweilig ist, wenn alles erlaubt ist.»

«Und es ist doch so schön, mal etwas Unerlaubtes zu tun», sagt Frank schmunzelnd.

Madams Augen blitzen: «Das ist es auch! Wenn es erlaubt gewesen wäre, hätte ich nie... aber das führt zu weit.»

Madam lächelt, und Frank versichert wieder einmal: «Ich bin dreißig Jahre zu spät geboren worden, womöglich hätte ich in deinen Tabus eine Rolle gespielt.»

Sie droht ihm: «Verführer!... Und wann wirst du diese Andrea einladen?»

«Morgen.»

«Morgen? Gut! Aber ich muß dich vorher noch einkleiden!»

«Dank für die gute Absicht, verehrte Madam, aber ich möchte doch lieber so bleiben.»

«Erlaube mir wenigstens, dir die Beulen aus deinen Hosen auszubügeln. Du hast doch auch noch einen hübscheren Anzug oder den Lodenrock, er ist immer noch besser als dieser.» Sie sieht ihn an, alles an ihm ist gepflegt, sein Haar, seine Hände, auch seine Schuhe, aber die Kleider... Er läuft herum wie der ärmste Mensch, dabei ist er wohlhabend. Seine Patentante hat ihn schon zu ihren Lebzeiten freundlich bedacht.

Frank wird Andrea morgen nicht einladen. Aber das ahnt er in diesem Augenblick noch nicht.

Zwanzig Minuten später, als er leise die Treppe hinabgeht, kommt ihm ebenso leise jemand entgegen. Mit beiden Händen das lange Gewand angehoben, einer Dame in großem Ballkleid ähnlich, steht Tessa vor ihm. «Ich muß dich sprechen. Mir ist eben eine Idee gekommen.»

«Ach, Kindchen, und die hat dich zur Geisterstunde aus dem Bett gehetzt?» Er umfaßt ihre Arme, kühle Seide über warmer Haut, dazu dieses süße Gesicht... «Wo fehlt es, Kleines?»

«Kann ich dir hier auf der Treppe nicht sagen. Komm mit in mein Zimmer», flüstert sie. «Nein, besser nicht in mein Zimmer, das ist zu gefährlich, Irmi könnte uns sehen. Seit sie Ärger mit ihrem Freund hat, der mir Stielaugen macht, ist sie mißtrauisch und verschlossen, und deshalb... Komm, wir gehen nach oben, zu Madam.»

Als Tessa eine Viertelstunde danach das Treppengeländer zur lautlosen Abfahrt benutzt und geräuschlos wie ein geübter Einbrecher ihre Zimmertür öffnet und schließt, ist sie mit dem Ergebnis ihrer Mission zufrieden. Sie läßt sich ins Bett fallen, rollt sich auf die Vorderseite. ‹Jetzt bloß noch schlafen. Halb eins – und um halb sieben muß ich 'raus. Wer war das doch, dem fünf bis sechs Stunden Schlaf reichten? Hab' ich doch kürzlich gelesen. . .›

8 Mein Puls ist noch normal

«Omi, sieh mal, Gladur geht herum, so, als ob er was sucht.» Lexi ist aus dem Kindergarten gekommen und steht vor dem Zaun, hinter dem der Isländer sein Reich hat.

«Gladur sucht auch was! Er sucht Onkel Franki! Der ist weg!»

«Onkel Franki ist weg?» Lexi ist tief enttäuscht. Aber seine Schwester, dieser Winzling, wiederholt ungerührt: «Ja, der ist weg!»

«Aber – aber – er hat mir doch versprochen. . . und jetzt ist er sicher wieder nach Amerika oder Afrika oder so. . .»

«Nein, nein, beruhige dich! Morgen wird er zurückkommen, oder übermorgen. Und was er dir versprochen hat, das hält er auch», sagt Madam.

Beim Mittagessen wird Frank natürlich auch von den andern vermißt. «Wo steckt denn Onkel Frank?»

Bella legt ihr spitzes Zeigefingerchen an die Lippen und flüstert: «Weg ist er!!»

Lexi, der in der Küche noch einen Löffel holen mußte, ruft schon von der Tür her: «Nur bis morgen!»

«Wieder mal eine Überraschung! Und weiß jemand, wohin?» fragt Frau Eva.

Noch bevor Madam antwortet, sagt Irmi: «Vielleicht ist er auf der Suche nach einem besonders aparten Geburtstagsgeschenk für sein liebes Patenkind.» Zu den kriselnden Worten ein ebenso kriselnder Blick. – Tessa will ihn nicht bemerken.

«Vielleicht schenkt er ihr wieder so – so einen tollen Ki-ki!» ruft Bella.

«Was ist denn ein Kiki?» fragt der Vater.

Lexi winkt ab, in Blick und Kopfbewegung einen Erwachsenen nachahmend, und erklärt von oben herab: «Kiki ist der Kimono.»

«Ah, stimmt ja, dieser riesige, aufregende, weiße Reiher auf Tessas Po, auf Tessas Rücken, meine ich. Das ist der Kiki! Das hast du aber fein behalten, Bellachen.»

Bella strahlt und fühlt sich ermuntert, noch etwas zur Unterhaltung beizusteuern: «Vielleicht bringt er ihr diesmal, diesmal einen. . .»

«Einen Koko – statt einen Kiki», lacht der Vater.

Bella reißt die Augen auf: «Was ist denn das?»

«Ein Pony!» ruft Lexi.

Jetzt vergrößert sich auch Madams Blick, und Tessa hält den Atem an, und beide denken: ‹Was kommt jetzt?›

«Nein, Lexi, kein Pony. Ein Koko könnte ein Papagei sein», sagt Frau Eva.

Der Jüngste hat anscheinend über einiges nachzudenken, denn er ißt für eine Weile ausnahmsweise schweigend. – Bella benutzt zur Freude aller den Schieber, zieht Straßen durch ihr Rührei und gibt dem Spinat etwas zuviel Schwung. Er landet auf Vaters Handrükken.

«Ich hätte mir das früher nicht alles leisten dürfen», knurrt Irmi.

«Nicht alles, nein», antwortet ihr Vater gelassen.» Damals waren die Eltern noch befangener, gehemmter, dem Althergebrachten verbundener, heute sind sie aufgeklärt über ihr Kind. Heute wissen sie...», er hüstelt, «du siehst, ich ergebe mich den neuesten Erkenntnissen.»

«Und darfst dir den Spinat deiner Tochter von der Hand lecken», lacht Madam. Ihre Stimmung ist besser als seit Tagen. Und wem hat sie das zu verdanken? Frank! Tessa und Frank. Seiner Rückkehr sieht sie mit großen Erwartungen entgegen. Und für wen das alles? Für Irmi...

Dr. Frank Roland bewohnt im Landhaus seiner Eltern ein Appartement mit separatem Eingang.

«Du?! Schon zurück!? Du wolltest doch...» Frau Roland läßt sich von ihrem Sohn in die Arme nehmen.

«Ich will auch noch. Nur eine kurze Visite, und dann nehme ich noch etwas mit – und bin wieder weg.»

Diese wenigen Sätze werden von lautem Freudengesang übertönt. Linda hat sich die Tür geöffnet und wirft sich ihrem Herrn, den sie in den letzten Jahren selten gesehen hat, stürmisch an die Brust.

«Ach, Linda, diese Freudentränen, und das nach nur vierzehn Tagen Trennung.»

Er streichelt den schönen Kopf seiner Schäferhündin und sagt, zu seiner Mutter gewendet: «Stell dir vor, Madam und Tessa wollen aus mir einen ganz feinen Mann machen, so in modisch, strohgelb womöglich, und meerblau, sogar Seidenpulli... zu guter Letzt seh' ich mich noch im Rüschenhemd. Dann muß ich mich mit Drahtumbau meinen Freunden nähern: Linda, Gladur, Hela. Am besten setze ich mich in einen Vogelkäfig.»

«Übertreib nicht! Mir gefällst du auch viel besser, wenn du ein bißchen schick bist.»

Frank folgt seiner Mutter in die Küche. «Belegte Brote ziehst du ja dem Teegebäck vor. Oder doch lieber süß?»

«Danke, nein. Ich bin zur Zeit eingedeckt mit Süßigkeiten: Irmi, Tessa, Bella. Alle süß. Tessa hat sich im letzten Jahr mächtig gemausert.»

«Ich fand sie schon immer reizend.»

«Innerlich schon, aber äußerlich ist sie jetzt erst weiblich, so erfreulich weiblich, sie ist eine ‹Spätentwickelte›, mit fünfzehn noch eine ‹Unvollendete›, heute nicht mehr zu übersehen.»

Im gemütlichen Wohnzimmer wird das Gespräch fortgesetzt. Linda sitzt dicht neben ihrem Herrn und läßt sich den Rücken kraulen.

«So, so, erfreulich weiblich und wahrscheinlich noch bildhübsch dazu. Dann sehe ich schwarz.»

Frank lacht: «Ist Schönheit ein Malheur?»

Frau Roland seufzt: «Nicht unbedingt, aber manchmal schon. . . Auf alle Fälle unbequem.»

«Du denkst an das große ‹Angebot›, mit Eifersucht als Begleiterscheinung.»

«Das auch. . . unter anderem. Ich hab doch den Wirbel mit Tante Brita erlebt. Die Männer haben sie verrückt gemacht, und sie die Männer.»

«In dieser Reihenfolge? Doch sicher umgekehrt.»

«Lach nicht! Und weshalb bist du hier?»

«Das hat auch etwas mit Eifersucht zu tun.»

«Mit Eifersucht?» staunt sie.

«Kein Grund zur Besorgnis. Mein Puls ist noch normal. – Aber zuerst: Wie geht's Vater?»

«Gut, danke. Er hat viel Arbeit, wie immer. Und jetzt erzähle!»

«Irmi ist eifersüchtig auf ihre Schwester. Und Irmis Freund, der die Bindungen zu Irmi gelöst hat, ist eifersüchtig auf einen jungen Mann, der Tessa verehrt. Und beide, Irmi und dieser Werner, sind äußerst giftig. Man müßte sie mit einem grünen Giftetikett versehen und unter Verschluß halten. . . oder zumindest unter Kontrolle.»

«Du machst Witze!»

«Es ist ein Witz, aber kein ganz harmloser.»

«Und was sagt Madam?»

«Ihr Rezept, das sie jedem Mitglied der Familie empfiehlt, ist: Schaffe dir keine Feinde, wenn es sich vermeiden läßt... Aber wenn ich jetzt zurückkomme, wird es sich wohl nicht mehr vermeiden lassen...» Er sagt es ernst und energisch, aber gleich darauf scherzt er: «Ich nehme meine Onkelpflichten sehr ernst, mir bleibt vorerst noch keine Zeit zum Heiraten, so sehr du dich nach einer zweiten Schwiegertochter...»

Frau Roland ruckt ihre Molligkeit aus dem Sessel hoch: «Du wolltest doch seßhaft werden! Du bist doch hingefahren, um dich umzusehen und umzuhören.»

«Habe ich auch schon..., erzähle ich dir alles, wenn es spruchreif ist, verehrte Mami.»

«Und Gladur, wie fühlt er sich dort?»

«Zufrieden – er vermißt aber offensichtlich Hela. Und deshalb werde ich sie mitnehmen.»

«Auch Hela willst du mitnehmen?»

«Aus mehreren Gründen. Es ist besser – wenn Irmi Begleitung hat auf ihren abendlichen Ausritten. Außerdem hätte ich abends auch gern ein Pferd.»

«Aber wenn *du* abends ausreitest, dann kann sie nicht reiten. Das ist doch ganz einfach.»

«So einfach ist es nicht. Und ein Ritt in Begleitung hat seine Reize. Und wenn sie nicht reiten könnte, würde sie mit ihrem Moped fahren, und da kann ich ja nicht mit meinem Wagen – so als Geleitschutz – hinterherfahren.»

«Ich kann mir denken, worauf du hinauswillst. Du hältst es für nötig, Irmis zarte Seele, die jetzt angeknackst ist, zu heilen, so ganz behutsam auf Umwegen.»

«In Kombinationsgabe vorzüglich! Und jetzt muß ich Hela begrüßen, und morgen geht's zurück. Ich rufe mal rasch Klaus an. Ich hoffe, er kann es einrichten, sie zu fahren. Leider keine Prärie, sonst würde ich Hela laufen lassen – und wir brauchten vier Tage statt ein paar Stunden. Vier schöne Tage.»

Linda ist schon aufgesprungen und herumgewirbelt, als sie hörte: ‹Hela begrüßen›.

«Immer mit der Ruhe», dämpft Frank Lindas Temperament.

«Jung sein, ist hart», sagt Frau Roland. «Hart für jede Kreatur. Man muß erst lernen zu leben. Und was oft alles dazugehört! Wenn ich noch daran denke, wie Florentina, Vaters erstes Pferd, vor Aufregung zitterte, als es zum erstenmal mit ‹Fremdkörpern› in Berührung kam...»

«Der ‹Ernst des Lebens›, meist lächelnd und leichthin gesagt von den Großen, die es doch besser wissen müßten.»

«Ja, die doch wissen, daß der Ernst des Lebens neben dem Körper und dem Geist auch die Seele strapaziert.»

«Und mit den Strapazen, ich meine ‹mit dem Kennenlernen›, haben wir Zweibeiner es ja verteufelt eilig. Wir reißen die Freiheit an uns und galoppieren in den Zwang.»

Am nächsten Tag: «Auf Wiedersehen, Frank! Ruf an! Und im Herbst erwarte ich die Kinder! Und Madam! Und grüße alle herzlich. Irmi besonders, und – ach, nichts weiter. Ihr werdet es schon richtig machen.» – ‹Die beiden Brüder, mit allem, was inzwischen dazugehört, halten so wunderbar zusammen. Wir sind eine glückliche Familie!›

9 Hier irrt die Reiterin an meiner Seite

‹Ein Mercedes mit Anhänger auf unserm Grundstück? Das sieht doch so aus, als ob... also – wenn sie uns jetzt auch noch die Großtiere ins Haus bringen... Das ist doch...› Irmi steht in der Küche, deren breites Fenster, von keiner Gardine verdeckt, den Ausblick zur Einfahrt und zu einem Teil der Wiese freigibt. Eine Männerhand winkt ihr zu, und dann wird sie aufgefordert, doch herauszukommen, wenn möglich. – Sie trocknet sich die Hände, zieht ihren Pulli glatt, in der Diele wirft sie einen Blick in den Spiegel, mit dem Kamm schnell das Nötigste... und dann kommt sie gerade dazu, wie ein Pferd ausgeladen wird, unruhig umherspäht, horcht und dann von einem Begrüßungsruf elektrisiert ist.

«Gladur hat seine Freundin erkannt. Das ist eine Überraschung!»

«Eine Überraschung auch für mich», sagt Irmi. Sie gibt Frank die Hand und küßt ihn auf die Wange.

Er nimmt sie in den Arm: «Waren das noch Zeiten, als die liebe kleine Irmi den lieben Onkel Frank auf den Mund küßte. Es waren sehr feuchte Küsse, so wie Bellas Küsse heute... Klaus, wo bist du?»

«Ich wollte nicht stören.»

Irmi sieht sich einem jungen Mann gegenüber, der sich mit einer höflichen Verbeugung vorstellt und darauf wartet, daß sie ihm die Hand reicht. Ihr erster Gedanke ist: ‹Er hat Ähnlichkeit mit Werner, dunkles Haar, dunkle Augen, aber es ist noch mehr, irgend etwas ist es noch, die Kinnpartie?›

Frank kommt ihr zu Hilfe: «Irmi, du schaust aus, als suchte dein Gedächtnis in der Vergangenheit: Wo bin ich diesem schönen Mann schon einmal begegnet?»

Klaus Kirsten winkt ab: «Schöne Männer sind nicht mehr gefragt. Nimm mir bitte nicht alle Chancen.»

Frank stöhnt: «Immer mache ich's verkehrt.» Und zu Irmi: «Es ist so paradiesisch still, außer dir gibt's doch noch sechs in diesem Haus.»

«Heute nachmittag gibt es nur mich.»

«Das reicht uns zur Zeit. Ich hab' eine famose Idee:

Wir wandern alle drei in die Küche, brauen uns unter deiner Anleitung und Oberaufsicht einen Männertrank mit Imbiß und danach macht ihr beide einen Ausflug mit Gladur und Hela. In Freund Klaus siehst du einen Experten. Jede Unklarheit kann er beseitigen, soweit es sich um unsere Isländer handelt.»

«Du bestimmst und weißt gar nicht, ob Herr, Herr...

«Sag ruhig Klaus, das freut ihn.»

Irmi lächelt: «Darf man dir glauben?»

«Glauben Sie ihm», versichert Klaus.

Frank kommandiert: «Aufgesessen! Bringen Sie mir die junge Dame unversehrt wieder nach Hause, Herr Stallmeister!»

Und Klaus antwortet: «Zu Befehl, Exzellenz!»

Hela und Gladur gehen brav unter ihren Reitern, in fleißigem Schritt. Frank sieht ihnen nach: ‹Ich freue mich, ich freue mich ganz riesig. Zum erstenmal in diesen letzten beiden Wochen war ihr Lächeln unverkrampft. Waren eine gute Idee, die Pferde... Ab sofort Kurs auf Sonnenseite!›

‹Dieser Frank ist ein toller Bursche. Läßt mich vollkommen im unklaren darüber, was mich erwartet, was auf mich zukommt, und setzt mich hinter ein ungewöhnlich hübsches Mädchen auf den Hufschlag, ohne nach den Wünschen der jungen Dame zu fragen.›

Als Klaus überlegt, wie er diesen Gedanken in Worte kleiden könnte, sagt sie: «Onkel Franks Methode, Sie zu einem Vergnügen zu zwingen, das für Sie wahrscheinlich gar kein Vergnügen ist, wird Sie nicht begeistern.»

«Hier irrt die Reiterin an meiner Seite.»

Ein scheuer, tastender Blick auf ihren Begleiter, der auf diesen Blick unbefangen, mit einer Spur Herzlichkeit antwortet.

‹Mit Männern seines Alters habe ich noch keine Erfahrung. Wie alt mag er sein? Onkel Franks Jahrgang?

Dreißig etwa? Eigentlich müßte ich ihn unterhalten, denn schließlich hat er Onkel Frank einen großen Gefallen getan, und jetzt ist er unser Gast. Und nett ist er außerdem... sehr nett. Nein, bloß nicht noch einmal ein Reinfall. Nicht noch einmal zu sanft und unterwürfig. Ich bin's doch sonst nicht...› – Irmi preßt die Lippen zusammen. – ‹Ich muß etwas sagen, bevor wir auf die Straße kommen und hintereinander reiten müssen. Ein neutrales Thema – Pferde. Natürlich: Pferde!›

«Sie reiten schon sehr lange?»

«Sechs Jahre genau.»

«Und einen Isländer hinter dem Haus haben Sie womöglich auch?»

«Ja! Die Isländer haben unsere Bekanntschaft vermittelt. Auf einem Reitertreffen lernte ich Ihren Onkel kennen... Onkel – er hat schon früh diese Rolle übernehmen müssen?»

«Ja, und er hat eine Starrolle daraus gemacht. Den Oscar bekommt er jedes Jahr», sagt Irmi.

«Neiderweckend!»

«Ja und nein. Sie müssen erst die Jury kennenlernen.»

Jetzt reitet er hinter ihr. Autofahrer, die ihnen begegnen, gönnen sich einen Blick auf die Pferde, die jetzt ein schönes, glattes Sommerfell zeigen und deren Schweife bis auf die kleinen, starken Hufe hinabwehen. Gladur, der mausfalbene mit der herrlichen hellen Mähne stiehlt Hela die Schau. Aber auch Hela hat ihre Bewunderer. Die Fußgänger schauen ihr nach, wie sie ihren Reiter trägt, als sei er eine leichte Last, die sie kaum spürt. Fast tänzerisch elegant bewegt sie sich.

Schon bald biegen die Reiter wieder in einen Feldweg ein. «Bis zur Waldwiese ist es noch eine halbe Stunde. Haben Sie Lust?»

«Wenn *Sie* Lust dazu haben, dann sehr gern!» antwortet Klaus.

«Gut. Dort oben können wir galoppieren.»

«Und jetzt tölten wir.»

«Gladur scheint den Trab zu bevorzugen, oder ich kann noch zu wenig, um mich durchzusetzen und von ihm den Tölt zu verlangen. Ich hatte noch keine Zeit, häufiger Onkel Franks Schülerin zu sein», setzt sie leiser hinzu.

«Ich würde Ihnen gern Hela geben, sie bevorzugt den Tölt, aber ich wage das Experiment nicht – sie ist eine Persönlichkeit mit Eigenheiten, und ich weiß nicht, ob Sie schon so fest im Sattel sitzen.»

«Sicher nicht. Aber jetzt werde ich's lernen, wenn Onkel Frank mich begleitet. Ich hoffe, er wird's tun. Es war eine herrliche Idee von ihm, die Pferde hierher zu holen. Ich könnte mir denken, daß das einen Grund hat.»

‹Und welchen?› Diese Frage hebt er sich für später auf. Jetzt ist keine Zeit zum Sprechen. Irmi läßt Gladur galoppieren, und Hela bleibt ihm an der Seite und zeigt, was sie kann.

«Ich möchte Sie zu einer Erfrischung einladen. Gibt es hier in der Nähe einen Gasthausgarten, oder wollen wir eine Pause am Waldrand machen?»

Während die Pferde ihr Gras rupfen, fragt er: «Und aus welchem Grund, glauben Sie, hat Ihr Onkel die Pferde hergeholt?»

«Er wird hierbleiben wollen, eine Praxis eröffnen. Es ist doch schön bei uns, landschaftlich: Wald und See, der Fluß nicht weit, und die Berge... Keine Riesen, aber doch höher als Hügel. Und seine liebe Verwandtschaft ist sicher auch ein Anziehungspunkt.» Es klingt nicht mehr gereizt und spöttisch. Immer mehr entfernt sie sich von dem Mann, den sie nicht mehr liebt, der gar nicht mehr von ihr geliebt sein will. Diese Niederlage war entsetzlich quälend, aber sie ist es kaum noch. Mit jeder Stunde rückt sie weiter ab von der Zeit, in der ‹er› eine Rolle spielte. Madams Worte fallen ihr ein: ‹Wirf den alten Kummer ab wie einen viel zu schweren

Rucksack und zieh eine neue Freude an, leicht wie ein Kleid aus Tüll. Tüllkleider gibt's, man muß sich nur umschauen.›

«Gladur kam wie ein Geschenk des Himmels, er hat mir sehr geholfen.» Erschrocken schweigt sie.

Aber er fragt nicht. Auch er scheint Erinnerungen nachzugrübeln.

Sie bricht eine Astspitze ab, die auf ihre Schulter hängt, das helle Grün einer Buche. ‹Ob er verheiratet ist oder verlobt? Ob er glücklich ist? Oder ob auch ihn etwas quält?› Aus ihren Gedanken heraus sieht sie ihn fragend an.

Er hat sie beobachtet, und jetzt sagt er lächelnd: «Sie sind für mich noch ein Geheimnis, ein Bild: Mädchen mit Buchenzweig.»

Auch sie lächelt. «Mädchen mit Buchenzweig steigt aus dem Rahmen, schreitet zu Herrn im Reitdreß und heftet ihm den Buchenzweig ans Revers. Als Dank für die Begleitung.» Sie streckt die Hand aus und reicht ihm den Zweig.

Sein Blick glänzt. «Ihr Page ist beglückt, aber er bittet, den Wortlaut einzuhalten: heftet ihm den Buchenzweig ans Revers.» Er springt auf und beugt sich zu ihr hinab...

«Ein Geräusch, das ich hasse!» Es ist der Satz, den Madam fast immer vor sich hinknurrt, wenn sie zum Telephon geht, um den Hörer abzunehmen. Nur selten und höchst ungern macht sie Telephondienst. «Bei Dr. Roland!... Ja... ja... Oh! Leider kann Dr. Roland nicht kommen... Nein, leider unmöglich! Er hat Temperatur. Ja... ganz plötzlich. Bitte?... Eine Infektion vermutlich. Der Arzt ist gerade bei ihm... Nein, nicht Fräulein Roland, die Schwiegermutter von Dr. Roland ist am Apparat. Ja, bitte wenden Sie sich an den Kollegen Dr. Heinrich. Er hat die Rufnummer 22407... Danke, werde ich ausrichten.»

«Na, Omi, wer war am Apparat?»

«Eine Patientin.»

Lexi lacht: «Aber Omi, Vatis Patienten können doch nicht sprechen.»

«Diese ist eine Ausnahme, die kann. Und du kannst jetzt nur noch ins Bett gehen. Los, verschwinde in deinen Kahn.»

Lexi tobt auf seinem Bett herum, er spielt Trapezkünstler, der ins Netz springt. Bella sitzt gelassen am Fußende und wartet auf Omi und die Geschichte. Lexi ruft: «Guck mal, Omi, ich kann was Neues, ich kann zaubern!» Er zieht den Bauch ein, wackelt ein bißchen, und dann rutscht seine Schlafanzughose auf seine Füße und er ist unten ohne. Er erwartet Applaus. Bella lacht, und Omi zeigt ein schmales Lächeln.

«Das ist ja ein aparter Zauber.»

Schnell zieht er die Hose hoch. «Ich zaubere nochmal!», und schon wieder rutscht die untere Schlafanzughälfte. «Soll ich nochmal?»

«Nein! Genug! Jetzt kennen wir deinen Zauber!» Madam unterdrückt das Lachen. «Fix, leg dich, sonst lese ich nichts mehr vor heute abend.»

Als Madam ins Wohnzimmer kommt, sagt sie so nebenbei, mit dem Blick auf ihren Schwiegersohn: «Damit du Bescheid weißt: Du bist krank! Du hast Temperatur! Ganz plötzlich, wahrscheinlich eine Infektion. Der Arzt ist bei dir. Was ja stimmt, es fehlte nur noch, daß Frank dir den Puls fühlt.»

Hans Roland sieht zu seiner Schwiegermutter auf wie jemand, der das Gehörte nicht begreift. Er war in Gedanken in der Antike, einen prachtvollen Band vor sich, der ihn zur Zeit sehr fesselt. «Sag das nochmal bitte!»

«Frau Bergadel oder -hadel war am Apparat, und du kannst nicht hinfahren, da du krank bist. Du hast Fieber!»

«Darauf hätten wir schon früher kommen können», sagt Frau Roland.

113

Ihr Mann vergräbt sich tiefer in den Sessel. «Ich bin –
krank! Wohltuend krank. Ein Grund, endlich einmal
Ferien zu machen. Danke, Madam!»

Als Irmi den Namen Berghadel hört, zuckt sie zusammen... ‹Ich werde noch einmal hinreiten... Ich
könnte auch telephonieren. Nein, Telephongespräche
können mitgehört werden. Wer weiß, was sie sagt, wenn
ich ihr ganz ehrlich gestehe, daß ich Abstand brauche
von allem, was mit Werner zusammenhängt, auch von
den Gesprächen. Zuerst war ich dankbar, über alles mit
ihr sprechen zu können, heute möchte ich nicht mehr
daran erinnert werden. Aber sie war immer nett zu mir,
ich kann nicht einfach wegbleiben, so ohne Erklärung.›

Klaus beschäftigt sich intensiver mit Irmi, als sie ahnt.
‹Liebe auf den ersten Blick, oft zitiert, von vielen erlebt,
ich wurde nicht davon überfallen, bis heute. Liebe? Immerhin Sympathie, und noch sehr viel mehr... Aber
wer weiß, ob sie sich ausgerechnet mich als Lebensge-
fährten auszusuchen gedenkt. Und ein Abenteuer? Sie
wird mehr verlangen als eine Bindung auf kurze Zeit,
und ich verlange mehr. Und ich bin zu keiner Teilung
bereit.›

Das Telephon schrillt. Madam, die heute, Sonnabend,
ausnahmsweise den Telephondienst übernommen hat,
brummelt wieder ihre Anklage, dann hebt sie den Hörer
ab. «Ja, ja gern! Bitte! Moment!»

«Wer von uns hat jetzt Temperatur?» fragt Dr. Roland verschmitzt.

«Deine Tochter.» Madam geht zum zweiten Wohnzimmer, nimmt die Portiere zur Seite: «Tessa! Schmusis
Boß am Apparat!»

«Danke, Madam!» Und Frank ansehend, fragt Tessa:
«Darf ich ihn auf morgen nachmittag einladen, sich den
Zuwachs, die schöne Helena, anzusehen? Und kann seine
Schwester mitkommen?»

«Mitkommen – darauf wird sie wohl kaum reagieren.

Du mußt sie höflich einladen, im Namen deiner lieben Mutter. Ich fürchte nur, wenn sie sieht, wie Hela mir die Taschen ausbeult, wenn sie mit den Lippen nach Möhren sucht, und wenn sie erlebt, wie Gladur mir meine schiefsitzenden Karos zurechtzupft, wird sie mir nicht glauben, daß ich im Smoking wie ein Herr aussehe.»

«Uns gefällst du auch ohne Lack», sagt Irmi.

«Und genau das ist ihm wichtig», sagt Klaus. «Er hat so kleine Eigenheiten, wie Hela und...»

«Plaudere nicht aus der Schule», droht Frank.

«Nie wieder», verspricht Klaus.

Pferde! Ein unerschöpfliches Thema. Angefangen bei unsern Stallpferden, den Großpferden, und zurückwandernd zum Urpferd, zu den Robusten, die heute noch so leben wie zu Urzeiten. Frank und Klaus erzählen von Island und ihren Eindrücken und Erlebnissen mit Menschen und Pferden. Von ihrer großen Sympathie zu den mittelgroßen Pferden, die sie dort kennen und schätzen gelernt haben, von den vielen Vorzügen dieser Robustpferde, zu denen auch ihre fünf Gangarten gehören. Unsere Pferde haben nur drei: Schritt, Trab und Galopp. Isländer gehen darüber hinaus noch Tölt und Paß und Paßvariationen.

Irmi und Tessa sind aufmerksame Zuhörerinnen. Und sie fragen und warten interessiert auf die Antwort.

‹Irmi ist fast wieder die alte›, stellt Frank fest. ‹Eigenwillig war sie immer, aber sie ist nicht mehr so hochgradig nervös, nicht mehr so gereizt. Wie mich das freut! Weshalb ist sie nicht zu mir gekommen? Sie hatte doch sonst immer Vertrauen zu mir! Immer? Lassen sich nicht gewisse Dinge Fremden leichter sagen?›

Klaus Kirsten reißt Frank aus seinen Gedanken: «Neun Uhr! Höchste Zeit, mich zu verabschieden!»

Irmi kann – oder will – ihre Enttäuschung nicht verbergen. Die beiden Männer sehen es sehr erfreut.

«Verabschieden kannst du dich frühestens morgen», lacht Frank. «Du wohnst im Gartenhaus. Und falls dich heute nacht ein Patient herausklingelt, gleich neben dir ist der Praxisraum. Walte deines Amtes. Mein Bruder wird dir dankbar sein. Ach, da fällt mir ein: Wenn die honigblonde Dame nochmal anruft, schicken wir dich! Das ist eine gute Idee.»

«Das ist keine gute Idee», sagt Tessa temperamentvoll. «Geh du doch selbst, das bißchen schaffst du schon.»

«Nein, Tessachen, du überschätzt mich... Aber wie wär's mit einem andern Vorschlag? Morgen früh Ausritt bei Sonnenaufgang: Fräulein Irmina Roland auf Gladur, Dr. Klaus Kirsten auf Hela.»

Irmis Augen glänzen, und Klaus sagt: «Ein wundervoller Vorschlag!» Doch dann hat er Bedenken: «Du kannst mich doch nicht so über den Kopf deines Bruders und deiner Schwägerin hinweg einladen, Logiergast zu sein?»

«Doch, das kann Onkel Frank, das ist hier so üblich. Meine Eltern laden auch Freunde ein, wenn sie bei Frank sind. Wir sind doch eine Familie.»

«Eine glückliche Familie», lacht Tessa. «Wenn's auch manchmal bumst und die Fetzen fliegen, dennoch eine glückliche...» Und als ob diese Feststellung noch einer Bestätigung bedürfe, erscheint Bella wie eine zu schmal geratene Putte zwischen den erdbeerroten Samtportieren: «Irmi! Du hast mir heute abend ein Bonbon versprochen. Und Durst habe ich auch!»

Irmi springt auf und nimmt den dünnen Engel auf den Arm: «Verflixte Puppe!» Bellas schlaues Gesichtchen strahlt, wie sie auf Irmis Arm den Blicken der übrigen Familie entschwindet.

‹Ein unguter Geist wie dieser Werner Maaßen kann vielen Unruhe bringen. Irmi ist sichtlich erlöst, ein Beweis, daß sie dieses Abenteuer verkraftet hat.› Frank sieht durchs Fenster. Gladur rupft seine Mahlzeit. ‹Das

116

Leben kann so schön sein, man muß allerdings auch sein möglichstes tun. Selbst dann ist man nicht vor häßlichen Überraschungen sicher.›

10 Wir entführen dich!

«Bella! Wenn Hela *dich* nun am Zopf reißen würde!? Das möchtest du auch nicht. Geh nicht so nah an sie heran», warnt Irmi, «sie kennt uns noch nicht richtig.»

«Ich will sie aber streicheln. Und es ist ja Onkel Frankis Hela und nicht deine.»

«Wenn du Unsinn machst, sag ich's Onkel Franki, und dann darfst du nicht mehr voltigieren.»

«Ach, sag mal lieber nichts, ich helf dir auch schön. . .»

«Guten Morgen, meine Damen!» Klaus Kirsten begrüßt Irmi und sagt ihr, wie sehr er sich auf die nächsten Stunden freut. Und er wundert sich, daß die weibliche Kleinstausgabe sich auch schon eingefunden hat.

«Sie kam mir im Nachthemd nachgelaufen, diese. . . diese. . .»

«Nervensäge», hilft Bella aus. Sie hat ein gutes Gedächtnis und kennt alle ihre Namen.

Klaus nimmt sie auf den Arm, aber wenn er erwartet, daß sie ihm die Ärmchen um den Hals legen wird, dann irrt er sich. Sie biegt ihren Hals etwas zurück und betrachtet ihn kühl, prüfend, kritisch, mit ernster Miene.

Schließlich fragt sie: «Hast du auch so schöne Pferde wie Onkel Franki?», und schießt dabei das Pf und F durch ihre Zahnlücke.

«Ja! Ebenso schöne! Und jetzt werden wir Gladur und Hela putzen. Willst du helfen?» fragt Klaus.

Bella nickt: «Ja, das mach' ich.»

Eine halbe Stunde später erkaufen sich die beiden Reiter einen ‹Vormittag ohne Zeugen› mit Bonbons und dem Versprechen, daß die Kleinen auf Gladur eine Wiesenrunde reiten dürfen. «Was man verspricht, muß man halten!» sagt Bella und legt dabei das Köpfchen schräg und zieht eine wichtige Miene.

Irmi nimmt heute einen anderen Weg. Zunächst die Chaussee, die nicht steil, aber stetig bergan führt. Eine belebte Durchfahrtstraße ist zu überqueren, und über Geröllboden geht es noch höher hinauf.

Endlich kann Klaus wieder an Irmis Seite reiten. Lachend sagt er: «Sie führen mich steinige Pfade, aber unsere Pferde gehen vorsichtig und sicher, man kann sich ihnen anvertrauen.»

«Ein wundervolles Gefühl, einen zuverlässigen Begleiter zu haben», sagt Irmi.

«Einem unzuverlässigen sollte man sich nicht anvertrauen», antwortet Klaus Kirsten.

«Leider ist Unzuverlässigkeit ein Mangel, der sich für eine Weile gut verbergen läßt. . .»

«Das habe ich auch schon feststellen müssen.»

«Ach, sprechen wir von etwas Erfreulicherem.»

«Gern. Das Unerfreuliche hängt einem ohnehin lange genug an. Es ist zäh.»

Klaus muß zurückbleiben, der Weg ist schmal, und ein Auto kommt ihnen entgegen.

Gladur und Hela nehmen die letzte Anhöhe im Galopp. Dann gehen sie zwischen engstehenden Fichten hindurch, und die Reiter müssen den Kopf einziehen, denn dürre Äste sind oft spitz wie Dolche.

‹Ist es richtig, wenn ich ihr schon heute sage, was ich ihr sagen möchte? Wer weiß das? Ich werde warten bis zu meinem nächsten Besuch. Frank muß. . . ich werde mit Frank sprechen, bevor ich ihr. . . Daß sie mich mag, spüre ich. Ich könnte. . . nein, ich werde ihr sagen, was sie wissen muß, bevor ihre Eltern davon hören.›

Zur gleichen Zeit denkt Irmi: ‹Keine Pause am Waldrand heute. Wer weiß... ich muß zuerst Abstand haben, es war zu häßlich, zu deprimierend. Aber habe ich nicht schon Abstand, liegt es nicht schon weit, weit zurück? Gestern war ein Tag, so lang, so schön, wie dreißig Tage, wie hundert Tage.›

Sie kommen an eine Lichtung, riesige Baumstümpfe, bemooste Erde im Schatten und Sonne über einer kleinen Waldwiese.

«Wollen wir hier den Pferden eine Rast gönnen? Sie waren so fleißig.»

«Gut, machen wir eine Pause.» Irmi springt ab, klopft Gladur zärtlich den Hals und kramt eine Scheibe Brot aus der Tasche.

«Dank für Ihre Führung! Schön ist es hier! ‹Es war einmal...› müßte dieses Fleckchen heißen.»

«Etwas ganz Ähnliches hab' ich auch gedacht», sagt Irmi. «Und für mich ist es auch neu. Hier oben im Wald war ich noch nie allein.»

«Aber schon in Begleitung?» fragt er und hofft, daß sie ‹nein› sagen wird.

«In Begleitung bin ich nie geritten. Gestern zum erstenmal.»

«Das freut mich!» Er gibt Hela eine Möhre, und an ihrem Kopf vorbei blickt er Irmi an. «Schön wär's, wenn ich jetzt wüßte, was Sie denken!»

«Ich habe gedacht, daß ich schon bald weggehen werde – zum Studium – und die Tiere nicht mehr haben werde, die Patienten. Ich bin oft mit meinem Vater unterwegs gewesen. Und daß ich Gladur nicht mehr reiten kann. Und jetzt ist auch Hela noch da...»

«Und an welche Universität hatten Sie gedacht?»

«Geplant hatten wir...», abrupt bricht sie ab und wendet sich um. Sie macht sich am Sattel zu schaffen, lockert ihn und zieht die Bügel hoch, wie sie es von Onkel Frank gelernt hat.

Geplant hatten *wir* – da ist etwas, das sie verschweigen möchte. Rücksichtsvoll sucht er einen anderen Gesprächsstoff. Was bietet sich an: wieder einmal die Pferde.

Sie sind so unkriegerisch, wer sich ihretwegen in die Wolle kriegt, ist selbst schuld. An diesen Ausspruch Franks muß Irmi jetzt denken, als Klaus Kirsten auf Pferde ausweicht. Sie ist ihm dankbar; sie möchte ihm irgend etwas Nettes sagen, und sie ahnt nicht, daß sie mit einem Satz seine Absicht, erst mit Frank sprechen zu wollen, ändert.

Lächelnd sagt sie: «Ich habe es mir heute nacht überlegt, ich war noch nicht ganz sicher, aber jetzt weiß ich's. Ich werde nicht Jura studieren, ich werde Tierärztin, für die Vierbeiner leichteren Gewichts.» Und schelmisch setzt sie hinzu: «Und falls Herr Dr. Kirsten einmal Aushilfe benötigt oder eine Ferienvertretung, komme ich mit meinem Köfferchen.» – ‹Donnerwetter, so viel Zärtlichkeit in einem Männerblick, der für mich bestimmt ist, habe ich noch nie gesehen...› – Dann reißt Irmis Gedankenfaden ab. Sie fühlt sich hochgehoben, auf Gladurs Rücken gesetzt, festgehalten, und hört: «So lange kann ich nicht warten, bis du von selbst kommst. Wir – Roß und Reiter – entführen dich!»

Gladur wendet kurz den Kopf, neugierig, was ihm da plötzlich auf der Kruppe sitzt; dann schaut er weg und setzt seine Mahlzeit fort, gelassen wie ein Mann, der einen Beruf ausübt, in dem man viel sehen, aber nichts bemerken darf. – Hela schüttelt die schöne, volle Mähne und schnaubt zufrieden, denn dieser Standort ist ganz nach ihrem Geschmack. Walddüfte liebt sie. Und sie gönnt ihrem Reiter, der eine so erfreulich behutsame Hand hat, auch das, was er liebt.

11 Ich muß dich noch sprechen, allein

«Onkel Franki! Onkel Franki! Guck mal!»

«Schrei nicht so, Lexi. Gladur wird schwerhörig, wenn du so brüllst.»

Sofort dämpft der Kleine seine Stimme: «Ich wollte dir doch nur zeigen, daß ich schon knien kann, mit einer Hand.»

«Mit einem Knie, wolltest du sagen.»

«Nein, knien und nur mit einer Hand festhalten.»

Frank hält die Longe und Gladur geht brav im Kreis. «So, und jetzt hinsetzen und dann freihändig. Gaaalopp! ... Und wieder Scherritt!»

Bella wartet schon. Sie kennt keine Angst, ist mutig, ohne unvorsichtig zu sein. Sitzt auf dem Pferderücken so selbstverständlich wie auf dem großen Trecker ihres Bruders, den sie im Souterrain in tollem Tempo äußerst geschickt um sämtliche Ecken steuert, sich elegant in die Kurven legend und allen scharfkantigen Gegenständen blitzschnell ausweichend.

«Drei Runden und dann ab! Und jetzt kommt Omi!»

«Schrei nicht so, Lexi, sonst lauf ich gleich weg.»

«Oh, bitte, bitte, nein! Du hast es versprochen! Und ich möchte doch so gern mal sehen, ob du nicht 'runterfällst. Wir helfen dir alle wieder hinauf, wenn du fällst, Onkel Franki, ich und Bella.»

«Das ist mir ein Trost, ein großer Trost.» Madam verzieht die Lippen zu einem dünnen Lächeln. Sie hat sich zu dieser Pferdeerstbesteigung nur bereit erklärt, als ihr Ausschluß der Öffentlichkeit zugesichert worden war.

«Wenn es dem Esel zu wohl wird, geht er aufs Eis tanzen, und das mit 59 Jahren!» murmelt sie und läßt sich von Frank aufs Pferd helfen. Frank lehnt den Vergleich ab, wandelt ihn um: «Wer den Staub der Straße meidet, hat mehr vom Leben.»

121

Gladur geht brav Runde um Runde. «Nachher galoppieren wir ein bißchen», sagt der ‹Reitlehrer›, vorsichtig vorfühlend. Lexi und Bella beobachten jede Bewegung, um sofort zur Hilfestellung bereit zu sein, falls Omi ins Wackeln, Wanken oder gar Abrutschen kommen sollte. Und als ob Frank die guten Absichten der beiden erraten hat, befiehlt er: «Keinen Schritt näher! Verstanden?! Ihr bleibt dort stehen, wo ihr jetzt steht!»

Frank beobachtet seine Schülerin und freut sich, als sie sagt: «So schön hatte ich mir das hier oben gar nicht vorgestellt.»

Und er antwortet: «Das Glück der Erde! Spät kommt es zu dir – doch es kommt.»

Madam ist ganz bei der Sache. Bella und Lexi sind stumm vor Staunen. Frank denkt: ‹Jörg wird heute allein kommen. Sie hatte schon eine Verabredung. Also brauche ich mich auch nicht umzuziehen. Für unsere Familie bin ich hübsch genug und für meine Pferde erst recht. Und Jörg, der nette Junge, nimmt von meinem Anzug keine Notiz, er sieht nur Tessa – und sonst gar nichts... Wenn ich nur wüßte, was in die beiden andern gefahren ist? Sie wirken froh – und bedrückt zugleich, man muß sie beide schon gut kennen, um es zu merken. Ich muß dich noch kurz sprechen, allein, bevor ich fahre, hatte Klaus eben gesagt.›

Gedankensprünge kann man sich nicht leisten neben einem Neuling auf dem Pferderücken. «Halt dich schön fest! Und jetzt: Gaalopp!»

«Sieh mal! Sieh mal, wer da kommt!» ruft Bella. Lexi saust Jörg, seinem neuen Freund, entgegen und der eleganten Dame, die ihn begleitet. Kurios, wie der Kleine seine Beine wirft, wenn er sich freut und außerdem schnell sein will.

Madam rutscht fast von dem ohnehin glatten Pferderücken, und Frank denkt: ‹Jetzt ist es ganz aus. Wenn sie mich in diesem Aufzug erlebt, flieht sie von hinnen.›

Gladur steht, Madam hat sich gefaßt, und Frank zieht sein Jackett glatt. An diesem Jackett sitzen zwar keine Karos schief, aber Helas Zupfen hat Narben hinterlassen. Und die Reithose weist Andenken an genußvoll durchlebte Stunden auf. Hela liebt es anscheinend, wenn die Spritzer der Pfützen fliegen, und diese Freude weiß sie sich zu verschaffen. Und ihr Herr läßt es geschehen, auf einsamen Feld-, Wald- und Wiesenwegen.

Madam bleibt stolz hoch zu Roß und lächelt der Dame, die da in einem schneeweißen Kostüm auf sie zukommt, herzlich zu: «Das ist aber eine Überraschung!» Dieses Wiedersehn kommt auch für Madam unerwartet. – «Und dazu noch zu meiner ersten Reitstunde.»

Die elegante, so selbstsicher wirkende junge Dame wird blaß unter ihrem schwarzen Lackhut. Die nette Kundin mit dem türkisfarbenen Kostüm hat sie hier nicht vermutet.

Gladur läßt gerade etwas fallen, und Bella, schon ausgestattet mit der Eitelkeit einer Eva, denkt: ‹Es wäre schade, wenn das Fräulein mit ihren schönen, schwarzen Lackschuhen da hineintreten würde.›

Frank verbeugt sich. Andrea schiebt ihre Hand in seine Richtung.

Er zögert: «Ich weiß nicht, ob ich Ihnen die Hand... sie riecht nach Pferd.»

Andrea lächelt. «Es gibt Schlimmeres. Ich habe zwar Angst vor Pferden, aber nicht vor ihrem Duft.»

Jörg erklärt und entschuldigt sich gleichzeitig, daß sie den Weg durch den Gemüsegarten und über die Wiese genommen haben. «Wir sind mit dem Bus gekommen, der über die Dörfer fährt; der Wagen ist in der Werkstatt, und meine Schwester weigerte sich, auf mein Motorrad zu...»

Sie unterbricht ihn: «Und ich muß mich entschuldigen, daß ich zuerst absagen mußte und nun doch hier bin.»

«Wir freuen uns! Und auf Überraschungen sind wir immer gefaßt!» versichert Madam. Und während Andrea auf ein paar nette Worte dieses Herrn Dr. Roland wartet und sie auch hört, verläßt Madam ihren Hochsitz. Sie schwingt ihr rechtes Bein herum und läßt sich mit der Vorderseite am Pferd hinuntergleiten.

«Danke, Frank! Es war wunderbar!»

«Es war mir ein Vergnügen, Madam! Du bist zum Reiten geboren! Ich sehe dich schon Preise nach Hause bringen.»

«Oh, Franki... Ich habe noch nie Preise mit nach Hause gebracht, aber wenn Gladur mir hilft...»

«Dann vergiß nicht, dich bei ihm zu bedanken», erinnert Frank und drückt ihr ein Stückchen Brot in die Hand.

Gladur kaut genüßlich, und Madam klopft ihm den Hals. «Mir ist heiß geworden dabei.» Sie wischt sich über die Stirn; auch die Nase glänzt.

Andreas Nase ist matt, sicher sorgfältig gepudert. Sie sieht ausgezeichnet aus, als wäre sie einem sehr guten Modejournal entsprungen. ‹Ob sie auch etwas tun würde, wobei ihr der Schweiß ausbricht?› fragt sich Madam. Und Frank fragt sich das auch. Aber er kann dennoch nicht leugnen, daß sie ihm gefällt.

Irmi und Klaus sind zusammen mit Irmis Eltern auf einem Spaziergang. Dr. Roland hatte seinen jungen Kollegen gefragt, ob er Lust habe, die schöne Umgebung kennenzulernen, und ihm blieb gar nichts anderes übrig, als den Vorschlag dankend anzunehmen. «Du kommst doch sicher auch mit, Irmi?» hatte die Mutter gefragt und zum erstenmal seit langer Zeit auf diese Frage die Antwort: ‹Ja, gern!› gehört.

Tessa ist mit Aufräumungsarbeiten in ihrem Zimmer beschäftigt, läßt sich dabei von einer neuen Schallplatte erfreuen und begleitet mit ihrer Stimme, laut und gut...

124

Jörg gelingt es mit Lexis Unterstützung, Tessa auf sich aufmerksam zu machen, und so ist Madam dazu ausersehen, Andrea zu unterhalten, bis Frank sich umgezogen hat.

‹Ich werde mir eines meiner besten Stücke um den Leib hängen, werde mich ‹sonntags-fein-gemacht› fühlen, wie so oft am Tisch des Kapitäns›, denkt Frank.

Bella klettert auf Madams Schoß und fragt den Gast: «Wo hast du dein Dackelchen? Ich möcht' es mal sehen!»

«Dann müßtest du mich mal besuchen», antwortet Andrea.

«Ja, das mach' ich!» erklärt Bella bestimmt.

In diesem Augenblick kommt Lexi hinzu. Jürgen hat mit Versprechungen erreicht, ihn vorerst loszuwerden. Mit seinem Seemannsgang schreitet Lexi näher, greift in die Keksdose, faßt ein Plätzchen und läßt es, mit einem Seitenblick auf Madam, wieder los: «Darf ich?»

«Nun nimm's schon, aber das nächstemal erst fragen und dann anfassen.»

«Ich darf zu dem Dackelchen kommen», sagt Bella laut, «und du nicht», setzt sie leise hinzu.

Aber Madam, deren Ohren dank jahrelanger Übung getrennt aufnehmen, läßt den Besuch aussprechen und sagt dann zu Bella gewandt: «Das wirst nicht du bestimmen! Ich glaube sicher, daß auch Lexi das Dackelchen besuchen darf. Nicht wahr, Fräulein. . .?»

«Tomms. . . Natürlich darfst du mitkommen. Wir haben auch einen Wellensittich. Er ist sehr zutraulich.»

Die Tür geht auf und Frank erscheint. Bella macht den Mund auf, aber diesmal ist Lexi schneller mit der Zunge: «Wie siehst denn du aus? Genau wie Vati, wenn wir Besuch haben. Anders gefällst du mir viel besser.» – «Hübsch siehst du aus, Onkel Franki. Richtig hübsch!» zischt Bella durch ihre Zahnlücke.

«Ich komme mir auch richtig hübsch vor», schmunzelt Frank.

Und Madam sagt: «Jetzt werde ich mich ein bißchen frisch machen. Ihr könnt mitkommen, Bella, Lexi! Schnell!»

Aber das kleine Weibsbild ist flink auf Franks Schoß gekrabbelt. «Ich bleibe bei dem lieben Onkel Franki!», und mit ihren winzigen Fingerchen klopft sie seine Wange. Lexi folgt Madam, eine Süßigkeit erwartend.

«Onkel Franki, du kannst mitgehen, das Dackelchen ansehen, und vielleicht kriegt das Dackelchen ein Baby, und dann könnte ich auch ein Dackelchen haben.»

Frank nickt zerstreut. – Höflich interessiert Andrea zuhörend, die jetzt davon spricht, daß sie sich ja noch für das reizende Veilchensträußchen bedanken muß, sinniert er einer Frage nach: ‹Müßte man nicht auch äußerlich zusammenpassen? Sie ist die bestangezogene Frau, ich bin der schlechtestangezogene Mann. Wenn ich jeden Tag so herumlaufen sollte, um zu ihr zu passen, würde ich mich beengt und ungemütlich fühlen. Womöglich würde ich sogar Sie zu mir sagen. Ebensowenig wie ich mich ganz umstellen möchte, kann ich's von ihr erwarten. Möchte ich das überhaupt? Ich kenne sie noch zu wenig, weiß nicht, wieviel ihr Äußerlichkeiten bedeuten. Ist die superelegante Schale nur nötig für ihren Beruf, und würde sie auf diesen Beruf verzichten wollen? Oder ist es ihre zweite Haut, die sie nicht ablegen will? Man müßte sie testen. Aber ich werde es wahrscheinlich nicht übers Herz bringen, den Test zu veranstalten.›

Andrea fragt: «Sie lächelten jetzt eben so – so mild, so geheimnisvoll, sicher haben Sie an etwas Nettes gedacht.»

«An – etwas – Nettes... Tja, es ist alles relativ...»

In diesem Augenblick kommt Madam herein, im türkisfarbenen Kostüm. Mit einem jungen, fast spitzbübischen Lächeln sagt sie: «Hoffentlich gefalle ich Ihnen ebensogut wie ich mir...»

Andrea freut sich über die nette Geste, heute dieses

Kostüm zu tragen, und über die liebenswürdige und so geschickte Art ein Kompliment zu machen.

Tessa hat mit Jörgs Unterstützung den Tisch gedeckt.

«In unserm Haus ist es üblich, daß jeder eingespannt wird, der sich nicht wehrt. Und für Besuch, der sich wehrt, wird kein zweitesmal die Zugbrücke herabgelassen.»

Jürgen lacht. «Gut! Das nenne ich gesunden Realismus!»

«Absolute Ehrlichkeit! Kein Stöhnen hinter dem Rükken über die Mehrarbeit. Wir teilen sie ein. Wir bieten Speise, Trank und aufmunternde Worte, dafür erwarten wir...»

«... nicht weniger und nicht mehr als ein ebenso selbstverständliches wie höfliches Unter-die-Arme-greifen», vollendet Jörg den Satz und läßt seiner Rede die Tat folgen.

Tessa setzt ihm die Hände vor die Brust: «Speise, Trank, guten Zuspruch, und dann immer noch mehr Wünsche... so sind Gäste, wenn man sie zu groß werden läßt.»

Lexi kommt angerannt. «Weshalb lacht ihr so?»

Und Jürgen antwortet: «Tessa will mir keinen Kuß geben, dabei hab' ich ihr so schöne Bonbons mitgebracht.»

«Gib ihm einen!» bestimmt Lexi. «Ich geb' dir doch auch einen, wenn du mir was Schönes mitbringst. Man muß sich sogar bei Gladur und Hela bedanken, wenn sie einem eine Freude gemacht haben. Onkel Franki sagt, man darf nie vergessen, sie zu belohnen.»

«Dozieren ist seine Stärke», sagt Tessa und kommt der Aufforderung ihres Bruders mit einem Kuß auf Jörgs Wange nach.

«Gibt sie dir auch einen Kuß auf die Wange, Lexi?» fragt Jörg.

«Nein, auf den Mund!»

«Also bitte: auf den Mund!» beansprucht Jörg.

«Du bist doch nicht Verwandtschaft!» lacht Tessa.

«Lexi! Roter Bruder, Adlerfeder, wir müssen beraten – in unserm Wigwam – wie ich ‹Verwandtschaft› werde.»

Madam weist Andrea den Platz am Kopfende des langen Tisches zu. Bella darf auf dringenden Wunsch neben der ‹Dackeltante› sitzen, an der Längsseite, Onkel Frank sitzt links von Andrea, daneben Madam, ihr gegenüber Tessa, neben Tessa Jürgen und ihm gegenüber Lexi – scharf protestierend gegen diese Tischordnung, diese ungerechte, die ihn um Tischbreite von seinem neuen Freund trennt.

Jürgen tröstet ihn: «Gegenüber ist fast noch besser als nebeneinander, weil man seinem Gegenüber immer mitten ins Gesicht schauen kann.»

Lexi überlegt und sieht das ein. Und er macht von dieser Möglichkeit eifrig Gebrauch, worauf Jörg zur Zeit allerdings keinen Wert legt.

Tessa sieht heute wieder ‹zum Verrücktwerden› aus. Lange Hosen in zeitlosem Schnitt, weder platzeng noch schlenkrig weit, klein kariert in braun-weiß-grün, dazu passend eine grüne Bluse und ein grünes Band im Haar.

‹Jörg, der gute Junge, könnte heute statt der leckeren Waffeln ebensogut Brotreste oder Möhren kauen wie die Isländer›, denkt Madam und gönnt dem sympathischen jungen Mann die Nähe seiner hübschen Nachbarin.

Frank muß sich eingestehen, daß ihm noch keine Frau begegnet ist, die ihn so fasziniert hat wie diese Andrea. Was ihn stört, ist, daß sie ein wenig zu perfekt ist, ‹zu schön›. Auch der Schmuck ist auf den Anzug genau abgestimmt: eine ovale Nadel, schwarzer Onyx im breiten Goldrahmen, mit einem Diamantstern in der Mitte, sehr geschmackvoll.

Bella hat nur Augen für die ‹schöne Dame›. Sie kennt ‹schöne Damen› aus Omis Kunstkalender. Solch eine schöne Dame sitzt jetzt neben ihr. Bella stützt ihr Ärmchen auf den Tisch und ihr Kinn auf die Hand, genießt den süßen Duft – Bella hat eine Schwäche für Parfums – und kann sich nicht satt sehen an den dunkelroten Lippen und den schwarzen Bogen über den Augen, an den glitzernden Ohrringen und der Brosche, die ganz schwarz ist, mit was Blitzendem darauf und golden rundherum.

«Bella! Iß mal schön!»

Die Kleine schreckt auf aus ihrer Versunkenheit, wobei ihr Arm ruckartig gegen ihren Becher stößt. Der Kakao spritzt hoch und fließt.

Andrea ist aufgesprungen, sieht an sich hinab, und dann fällt ihr Blick auf Bella. Weitaufgerissene Augen sehen sie an, unglücklich. Andrea ahnt nicht, daß dieser Augenblick für ihren Lebensweg ausschlaggebend ist. Sie sagt zu Bella: «Ist nicht so schlimm. Das Kleid kommt in die Reinigung, und wenn die Flecken nicht 'rausgehn, sind sie ein Andenken an heute. . .»

Frank kann seine Freude über diese Reaktion kaum verbergen.

Madam entschuldigt sich für Bellas Ungeschicklichkeit und überredet Andrea, sich schnell umzuziehen, damit die Flecken in dem sicher empfindlichen Stoff nicht eintrocknen. . . Und zu Bella: «Entschuldige dich gefälligst!»

Und Bella schnüffelt: «Entschuldige bitte!»

Andrea streicht ihr übers Haar.

Tessa steht auf. «Kommen Sie doch bitte mit, wir haben ja fast die gleiche Größe. Darf ich Ihnen eins von meinen Kleidern anbieten, als Notlösung?»

«Gern. Vielen Dank!»

Die Zurückgebliebenen sagen zunächst gar nichts. Jörg ist es unangenehm, daß Andreas Eleganz jetzt Peinlichkeit heraufbeschwört. Sie sieht ja auch immer aus, als seien ihre Kleider unbezahlbar.

129

Frank denkt: ‹Das war *der* Test, ein Experiment, zu dem ich mich nicht hätte entschließen können.›

Madam sagt: «Anstatt einen Schritt vorwärts, hast du heute einen Schritt zurück getan, Bella. Ich glaube, ihr müßt wieder im Kinderzimmer essen, jedenfalls du, wenn Besuch kommt.»

Lexi nimmt seine Schwester in Schutz mit Madams eigenen Worten: «Sie ist ja noch so klein, Omi, sie lernt es noch...» Im nächsten Moment passiert Lexi, der sonst so geschickt ist und trotz des Gestikulierens selten etwas umstößt, ein Malheur: es kippt der zweite Becher, der rechts von ihm und links von Madam steht. Madam hopst mit der Gewandtheit einer Zwanzigjährigen hoch, und es gelingt ihr tatsächlich, ihr neues Kostüm in Sicherheit zu bringen. Jürgen ist diesmal dem Becher am nächsten und faßt schnell zu. Er wischt dabei mit der unteren Ärmelhälfte über den Waffelberg und den Puderzucker.

Madam ist ernstlich böse und grollt: «Weshalb fuchtelst du mit der Hand in der Luft herum? Manieren sind das!»

«Ich wollte – ich wollte euch doch bloß zeigen, daß Hela – Hela die Tannen auffrißt. Da! Da – vor dem Fenster.»

«Wie ist sie denn in den Vorgarten gekommen?» Frank steht auf. Er ist mit der Kakaoüberschwemmung sehr zufrieden. Bellachen bekommt Freibonbons auf Lebenszeit. Schmunzelnd verschwindet er im Garten. Bellas Winzigkeit will schnell und unauffällig hinterher, ebenso Lexi.

«Hiergeblieben!» donnert Madam, der man so viel Stimmgewalt gar nicht zutraut. «Ihr helft den Tisch abdecken und wieder aufdecken, und euren Kakao trinkt ihr in der Küche!»

Jürgen erweist sich als Madams rechte Hand, und Lexi findet seinen neuen Freund wieder einmal ‹Klasse›.

130

Gerade als Frank aus dem Garten zurückkommt und die Dielentür öffnet, kommen Andrea und Tessa die Treppe herab. Andrea in einem dunkelblauen Trägerrock und roter Bluse. «Jetzt paßt er zu Ihnen», lacht Tessa, «das gleiche Blau!»

Und Andrea antwortet lachend: «Wozu ein kleines Malheur gut ist.» Sie sieht Frank an. Er nickt ihr zu und sagt mit besonderer Betonung: «Genau dasselbe habe ich gedacht.»

12 Das ist ein verlockendes Angebot

Nach dem Abendbrot verabschiedet sich Klaus mit herzlichem Dank für die beiden schönen Tage. Kurz vorher hatte er seinem Freund unauffällig etwas in die Jacketttasche geschoben. Vor einer Stunde hatte Frank Andrea und ihren Bruder nach Hause gebracht. Tessa war auf ‹allgemeinen› Wunsch mitgefahren. Jetzt stehen Frank und Tessa und die übrige Familie neben dem Mercedes, um Klaus Lebewohl zu sagen. Ein Gast, den man wiedersehen möchte, wird immer von der gesamten Familie verabschiedet.

«Kommen Sie bald wieder», sagt Frau Roland. «Sie sind so erholsam vielseitig: Sie fachsimpeln mit meinem Mann, als sei es Ihr Hobby, politisieren mit mir, als sei es Ihr Hobby, nehmen mit Madam die Literatur auf die Hörner, als sei es Ihr Hobby und gehen auf Irmis Pferdefragen ein, als sei es Ihr Hobby. . .»

Hela nimmt Klaus zunächst die Antwort ab. Sie kommt, schreitet heran, schafft sich Platz und versucht seine Tasche zu erreichen. Er klopft ihr zärtlich den Hals: «Hela weiß, daß sie und ihre Sippe mein wichtigstes Hobby sind.» Noch ein Händedruck für jeden. Madam und Frau Roland einen Handkuß und die Versicherung, sehr gern wiederzukommen. Keine Möglichkeit mehr, sich von Irmi so zu verabschieden, wie er es möchte. Sie empfindet seine Enttäuschung und freut sich darüber und sagt: «Bis bald!» –

Später, in seinem Zimmer, zieht Frank einen zusammengefalteten Zettel aus der Tasche, den Klaus ihm zugesteckt hat:

Lieber Frank,

ich wäre Dir sehr dankbar, wenn Du Irmi über meine Vergangenheit aufklären würdest. Heute früh, im Wald, in dieser zauberhaften Stimmung, war es mir unmöglich, davon zu sprechen. Irmi ist ein bezauberndes Mädchen – und Du kennst mich inzwischen gut. Ich hoffe, Du wirst sie mir anvertrauen, falls sie mich noch mag. Herzlichst! Dein Klaus.

Frank knurrt: «Jetzt muß ich in wohlüberlegten Worten versuchen...», und indem er überlegt, fällt ihm ein, daß ein Nachteil ihres Partners ein Vorteil für Irmi ist, und umgekehrt natürlich auch... Er steckt den Zettel zurück in die Tasche. ‹Ich bin froh, sehr froh, daß dieser nette Kerl sich für Irmi interessiert. Beide geben und beide verlangen eine anständige Gesinnung, und dazu gehört für sie die Treue des Partners. Morgen abend werde ich mit Irmi sprechen. Sorgen hat man mit seiner Familie, und dazu kommen noch die eigenen Probleme. Was weiß ich von dieser Andrea? Wenig. Was weiß sie von mir? Ebensowenig. Wenn ich hier seßhaft sein werde, haben wir Gelegenheit, uns auch bei mir zu sehen.›

Eva und Hans haben ihm angeboten, das Gartenhaus, in dem bisher die Praxisräume waren, zu beziehen, und Madam hat sich spontan als Innenarchitektin zur Verfügung gestellt.

‹Der große Hobbyraum im Souterrain kann jetzt Praxisraum werden; wir brauchen ihn ja selten. Die Kin-

132

der können in ihren beiden Stuben spielen, der Souterrainraum ist für sie durchaus entbehrlich›, hatte Eva bestimmt. Das war ein so verlockendes Angebot, und da es von Herzen kam, nahm er es gern an.

Das alte ‹Gartenhaus›, so genannt, weil es weitab von der Straße liegt – es war vom Vater des Vorbesitzers als Alterssitz gebaut worden –, reizt dazu, es wieder auf Hochglanz zu bringen. Es ist quadratisch, hat vier Räume zu ebener Erde, und das freundlichste daran ist das gemütliche Dach, dieser übergroße Hut mit der kokett abstehenden Garnitur, den lustigspitzen Luken...

‹Die Pferde können mir ins Fenster sehen, und ich werde nicht vergessen dürfen, die Türen zu schließen, sonst zieht Hela mir eines Morgens die Steppdecke von meiner Blöße und Gladur räumt in der Küche auf. – Küche? Einen Raum könnte man teilen, das ergäbe Bad und Küche. Dann bleiben ein Schlafraum und zwei Wohnräume. Aber das reicht. Würde es auch Andrea genügen? Ich möchte gern über alle diese Dinge Klarheit haben, bevor...›

Es ist schon spät, aber Frank beschließt, noch auf einen Sprung zu Madam zu gehen, genau gesagt: auf ein Glas. Wenn sie nicht gestört sein will, hängt ein Schal an ihrer Tür. Eine von allen geschätzte Einrichtung. – Frank prüft seinen Bestand, dann wählt er eine Flasche Rosé.

13 Bist du ohne Begleitung gekommen?

Am nächsten Tag wartet Irmi eine günstige Zeit ab, dann sattelt sie Gladur. Sie nimmt einen Weg, den Gladur schon kennt: bei oder nach Regenwetter ist er mit dem Moped nicht zu befahren. «Zum letztenmal, Gladur, mein Guter. Zum letztenmal», flüstert sie. ‹Ich werde ihr sagen, daß ich ihr für ihre Hilfe danke und daß ich ihr sehr gern gefällig sein will, wenn sie einmal meine Hilfe brauchen sollte. Sehr gern. Stimmt das? Nein. Denn ich möchte dieses Haus nicht wiedersehen. Ich möchte alles vergessen, was in den letzten Wochen war. Hätte ich nicht doch lieber anrufen sollen? Oder schreiben... Oder gar nichts von allem, mich einfach nicht mehr melden? Nein, dann würde ich es mir zu einfach machen, zu bequem. Ich habe bisher den Weg zu ihr gefunden...›

Irmi klopft ihrem Pferd den Hals. «Bloß gut, daß ich nicht allein sein muß. Wenn du bei mir bist, fühle ich mich beschützt, dabei weißt du deine Zähne nicht wie ein Hund zu gebrauchen, sie sind ja auch stumpf. Du bist auch nicht zum Kämpfen geboren, du bist ein Fluchttier, aber treu ergeben bist auch du. Auch du würdest laufen bis zum Umsinken, wenn dein Herr es von dir forderte. Du bist mein Freund... Und diesen Weg reiten wir heute zum letztenmal. Wir wollen ihn vergessen.»

Gladur hat wundervolle, den Reiter schonende Gänge, aber Irmi kommt heute nicht dazu, sich daran zu freuen. Sie ist nervös, und ihr Pferd spürt es. «Ich wünschte, wir wären schon auf dem Rückweg.»

Immer, wenn sie sich diesem Park, diesem Haus nähert, hat sie ein seltsames, fast unangenehmes Gefühl. Das war nicht so stark, wenn sie den Vater neben sich hatte. Sie kann sich nicht erklären, woher es kommt. ‹Oder doch? Ist es vielleicht die Zeitungsnotiz über ein grauenhaftes Verbrechen das vor ein paar Jahren in einem Haus begangen worden war, das nach der Schilderung diesem sehr ähnlich ist. In einem Haus irgendwo im Norden Deutschlands, also nicht in dieser Gegend. Mag sein, daß dieser Pressebericht wirklich noch in meinem Kopf spukt.›

Dies ist ein dekoratives Haus, zwischen den beiden Weltkriegen erbaut. Lange Zeit schien es unbewohnt, aber wer weiß das genau, niemand kümmerte sich darum. Die Erben haben es jetzt vermietet. Es müßte renoviert werden. Haus und Garten haben nichts Freundliches, kein Sonnenstrahl trifft die Fenster. Alles ist ohne Sonne: die Einfahrt, gesäumt von hohen Bäumen bis zur Freitreppe, die Fenster beschattet von großen Ästen. Kühl, kalt, nahezu leblos das große Haus und bewohnt von nur einer Person. Nur eine Person? Sie wird Freunde haben. Mag sein, daß aus diesem Grund kein Besuch ohne vorherige Anmeldung erlaubt ist. Zwei Lichtblicke sind die Tiere: Karat, der Apfelschimmel, und Bilja, die Deutsche Schäferhündin.

Ein bedrückend stilles Haus, dessen Besitzerin durch sicheres Auftreten, Intelligenz und eine etwas schlampiglässige Eleganz auffällt. Hat diese Frau – ihr Alter ist nicht leicht zu schätzen, sie kann dreißig, sie kann auch vierzig sein – wirklich künstlerische Fähigkeiten, oder bestehen ihre Fähigkeiten nur darin, andern Frauen den Mann wegzuzaubern?

Das alles dachte Irmi schon, als sie in Begleitung ihres Vaters einem Patienten dieses Hauses einen Besuch gemacht hatte, bei einem zweiten Besuch eine Einladung annahm und am Tag darauf nach telephonischer Anmeldung dieser aparten blonden Frau gegenübersaß. In einem Wohnzimmer, das auch noch aus den Jahren zwischen den beiden großen Kriegen stammt.

«Komm, Gladur, beeil dich, wir wollen es hinter uns bringen. Das Wochenende war so schön, ich kann nicht daran denken, ohne dies hier überwunden zu haben.»

Irmi weiß, daß es ihr nicht gelingen würde, mit dem Pferd unbemerkt in die Nähe des Hauses zu kommen, geschweige denn bis zur Treppe. Bilja würde sie melden. Aber sie hat ja auch nicht vor, ohne Erlaubnis zu kommen. Jutta Berghadel erwartet sie. Die schwere, düstere

Eichentür wird aufgezogen. ‹Ah, nicht mehr honig-
blond, jetzt teakbraun, und das freundliche, gewinnende
Lächeln ist seltsam maskenhaft. Aber vielleicht irre ich
mich›, denkt Irmi.

«Komm herein!»

Bilja bellt und jammert, weil sie Irmi, ihre Freundin,
nicht begrüßen kann, mit Tuchfühlung, wie sie es liebt.
‹Der lebhafte, zutrauliche Hund bringt etwas Wärme in
dieses Haus, aber er findet keine, fürchte ich. Er ist
Aufpasser und daher unentbehrlich.›

Frau Berghadel knipst eine Lampe an und setzt ihren
Gast so, daß er ins Helle sehen muß, sie dagegen setzt
sich mit dem Rücken zum Licht. «Ich weiß, du möchtest
nicht mehr darüber sprechen; du hast es, als du das letz-
temal hier warst, angedeutet. Du bist also über den Berg
und brauchst mich nicht mehr.»

«Ich bin gekommen, um mich noch einmal zu bedanken. Ich werde dir das nie. . .»

«. . . vergessen, wolltest du wohl sagen. Das ist eine
Lüge, an die du jetzt vielleicht selbst noch glaubst. Aber
ich nicht! Und ich gehöre nicht zu den Menschen, die
irgend etwas verschenken, auch nicht ihre Zeit. Ich
konnte dir gefällig sein, und du wirst mir gefällig sein,
aber etwas mehr als bisher.»

Sie zündet sich eine Zigarette an, ohne Irmi eine anzubieten. «Ist dein lieber Vater immer noch so krank?
Sicher eine gefährliche Infektion?!» Maßlos spöttisch
werden diese beiden Sätze hervorgestoßen. Das Lächeln
ist eine Grimasse.

Irmi antwortet nicht. Sie weiß nicht, was sie sagen soll.
Die Frauenstimme ist hart und kalt, wie Irmi sie noch
nie gehört hat.

«Die neue Liebe scheint dir die Sprache genommen zu
haben. Als Spaziergänger hätte ich euch wohl kaum be-
achtet, aber Reiter sind hier noch ziemlich selten, und
mein Fernglas ist ausgezeichnet. Weshalb hast du nicht

angerufen und mir deine Neuerwerbung vorgestellt? Hast du Angst, ich sei indiskret?»

Irmi ist fassungslos. ‹Es ist doch nicht möglich, daß dieser Mensch, der so kameradschaftlich, so hilfsbereit, fast mütterlich fürsorglich war, jetzt mein Feind ist. Sie hat sich mein Vertrauen erschlichen. Wie albern-dramatisch das klingt, wenn man es hört, aber wie ekelhaft ist es, wenn man selbst die Erfahrung machen muß. Aber weshalb? Weshalb hat sie mich veranlaßt, mich ihr anzuvertrauen, wenn nicht aus Sympathie zu mir... oder zu meinem Vater oder zu ihren eigenen Tieren, aus dem Gedanken: Der Tierarzt kommt noch schneller, wenn man befreundet ist mit der Familie.›

Jutta Berghadel steht auf und geht zu dem kleinen Schrank. Irmi weiß, daß sie dort die Getränke aufbewahrt. Der Hund jammert sich heiser im Nebenraum.

«Könnten wir ihn nicht hereinlassen?» fragt Irmi.

«Wozu?! Dein Vater hat seine Patienten hier ja abgeschrieben. Gelöscht in seiner Kartei.» Es klingt haßerfüllt.

«Aber Jutta, das ist doch...» Irmi wendet sich zu ihr um. Zum erstenmal ist ihr der zugewiesene Platz unangenehm. Sie möchte wissen, was in ihrem Rücken geschieht, und sie möchte fort.

Jutta Berghadel stellt zwei Flaschen und zwei Gläser auf den Tisch. Beim Eingießen schlagen ihre langen goldenen Ketten gegen das Glas. «Wermut ist doch dein Lieblingsgetränk.»

‹Ich werde nichts trinken›, nimmt Irmi sich vor. «Du kannst mit mir rechnen, wenn ich dir behilflich sein kann», sagt Irmi noch einmal und hat dabei ein schlechtes Gewissen. ‹Ihre Hilfe habe ich angenommen, und jetzt will ich mich nicht mehr daran erinnern, an nichts, was damit zusammenhing.› – «Und wenn es dir recht ist, besuche ich euch manchmal, dich und Karat und Bilja...»

«Ich weiß, was ich von solchen und ähnlichen Versprechungen zu halten habe, aber – vielleicht bist du wirklich eine Ausnahme. Jedenfalls...» Sie trinkt ihr Glas zur Hälfte aus. «Bist du ohne Begleitung gekommen?»

«Natürlich. Ich bin doch immer allein gekommen», antwortet Irmi.

«Es weiß also niemand, daß du hier bist?»

Die Frage klingt so seltsam, so lauernd. ‹Ach, ich bilde mir das ein, ich sehe schon Gespenster.› Und Irmi antwortet wahrheitsgemäß: «Nein, niemand. Aber ich muß bald nach Hause, wirklich.»

«Nein, ich habe dir noch etwas zu sagen. Ich werde dich noch nicht fortlassen. Du wirst staunen, wenn du erfährst, was ich mit dir vorhabe.» Ihr Blick ist stechend.

Irmi springt auf. Sie hat nur den einen Gedanken, fortzulaufen. Aber die Frau hält sie fest. Irmi schreit. Die Hundestimme wird noch lauter.

«Schrei nicht! Hör zu: Du wirst für mich genauso weiterarbeiten wie bisher!»

«Weiterarbeiten?»

«Tu nicht so, als wüßtest du nicht, was hier gespielt wird! Und du spielst weiter mit – wie bisher und noch ganz anders als bisher.»

«Laß mich. Ich will fort!»

«Nein. Erst wenn wir neue Verabredungen getroffen haben, wo du die Päckchen abzugeben hast. Mach keine Dummheiten, sonst fällst du 'rein. Dir glaubt keiner, wenn du sagst: ‹Ich wußte von nichts.› Und deinem Vater kann das auch noch in die Bude regnen, für ihn kann es noch peinlich werden. Ich sage dir...

Die Tür wird aufgestoßen. Irmi, plötzlich losgelassen, schlägt gegen den Schrank.

‹Du?›

Frank legt den Arm um Irmi. «Weine nicht, Kind.»

138

«Wie – wie kommen Sie in mein Haus? Und Sie kennen Fräulein Roland? Das sieht ja aus, als ob das alles verabredet ist. Das ist doch...»

Frank antwortet zunächst nicht. Er sieht diese Frau an, die mit offenem Mund vor ihm steht, die Situation zu begreifen sucht. «Wer sind Sie? Haben Sie etwa hier herumspioniert? Ich habe Sie doch schon gesehen!» Unter der grünen Seide vibriert sie vor Wut.

«Ich werde nur Ihre erste Frage beantworten. Ich komme durch eines Ihrer Fenster. Ich habe die Scheibe eingedrückt. Sie können mich verklagen: Einbruch, Beschädigung Ihres Eigentums, Hausfriedensbruch, mehr ist wohl nicht... Aber ich nehme an, Sie werden es vorziehen, auf eine Anzeige zu verzichten. Denken Sie an Freiheitsberaubung und an noch einiges mehr.» Die letzten Worte sind ein Bluff, aber sie wirken.

«Kinder, habt ihr Irmi gesehen?» fragt Frau Eva.

«Nein! Aber ich kann ja mal schnell nachsehen, ob Gladur da ist», ruft Bella.

«Ja, das tu mal bitte. Ich muß doch endlich durchsetzen, was ich mir schon immer vorgenommen habe: es wird Bedingung, daß jeder hinterläßt, wohin er geht und wann er zurückkommt. Ein Heft kommt noch heute auf den Dielentisch, nein, besser noch auf die kleine Kommode im Eßzimmer.»

Madam nickt vor sich hin: ‹Das hätte sie schon längst einführen sollen.›

Bella kommt zurückgelaufen und schreit schon vor dem Küchenfenster: «Gladur ist weg, nur Hela ist da!»

«Und Onkel Frank? Habt ihr den gesehen?»

«Der ist mit dem Auto weg, aber er könnte uns nicht mitnehmen, hat er gesagt!» Lexi läuft, wie so oft, der Mutter in der Küche vor die Füße.

Madam deckt den Tisch. Die Klappen der Durchreiche sind geöffnet, und so kann sie sich mit ihrer Tochter unterhalten. «Wollte Frank nicht zu dem Internisten fahren, es war doch da noch einiges zu besprechen. Ist ja wunderbar, daß er dort arbeiten kann und später übernehmen, wenn der alte Herr sich zur Ruhe setzt.»

«Ja, ich freu' mich auch mächtig! Hoffentlich findet er bald eine nette Frau. Mit seinen Eigenschaften...» Frau Eva brennen die Zwiebeln an, und Madam beendet den Satz: «...kann er eine Frau ganz sicher glücklich machen. Und darüber hinaus hat er auch noch etwas, das leider viele Väter nicht haben: Einfühlungsvermögen... Er versteht, mit Kindern umzugehen.»

Eva nickt: «Er versteht es ausgezeichnet.»

«Omi! Onkel Franki hat erzählt, nicht nur im Sommer, auch im Winter schlafen Gladur und Hela auf der Wiese. Im tollsten Schnee! Im Winter haben sie nämlich einen ganz dicken Mantel, der reicht ihnen bis an die Augen und bis auf die Hufe, und der wärmt ganz prima. Und im Frühjahr knabbern sie sich gegenseitig die Wolle aus dem Pelz, und im Sommer sind sie glatt und hübsch, so wie jetzt.»

«Wir bürsten sie ja auch immer schön», sagt Bella.

«Das haben sie auch verdient! Und jetzt – holt bitte Vati und Tessa, und dann setzt euch auf die Plätze.»

Lexis Stimme schallt durchs Haus, sie ist lauter als der Gong. Bella redet noch auf Madam ein: «Unsere Isländer sind Wildpferde, Omi. Richtig wild! So wie Kaninchen und Hasen und Rehe. Da möchte ich mal hinreisen, wo der Gladur und die Hela herkommen. Da gibt es Gletscher, und eiskalte Flüsse müssen die Pferdchen durchqueren, und das ist oft richtig gefährlich, weil das Wasser so viel Kraft hat, daß es einen umreißen kann. Hat Onkel Franki alles erzählt, und wenn er nachher kommt, dann erzählt er uns bestimmt wieder.»

Aber Frank hat heute abend andere Sorgen.

«Zuerst nach Hause. In meinem Zimmer sprechen wir

über alles.» An der rechten Seite Gladur, die linke Hand unter Irmis Arm geschoben, geht er zu seinem Wagen, den er auf der Straße geparkt hat. Es ist nichts Ungewöhnliches, daß auf dieser Straße, die unweit einer Waldkulisse liegt, Wagen geparkt werden. Das zu wissen, war wichtig, um bei der Besitzerin des einsam gelegenen Hauses durch einen abgestellten Wagen keinen Verdacht zu erwecken. Er schließt den Wagen auf: «Glaubst du, daß du nach Hause reiten kannst?»

Irmi nickt.

«Gut, reite voraus. Ich bleibe euch auf den Fersen», versucht er zu scherzen.

«Wie gut, daß du's heute getan hast. Wie gut...»

«Komm, laß mich deinen Arm mal sehen.»

«Den Pulli muß ich ausziehen.»

Er hängt ihr sein Jackett um. «Bist gegen eine scheußlich spitze Kante geschleudert. Tut weh. Ich weiß... Nach Hause – und dann sehen wir weiter.»

«An der Hüfte spür' ich auch was. Aber ist ja alles nicht schlimm...» Sie drückt ihr Gesicht gegen seine Schulter. Dann geht sie zu Gladur. Geduldig hat er gewartet, obwohl ihn doch sonst jeder Grashalm von seinem Standort weglockt. Frank hilft Irmi in den Sattel.

«Was sagen wir?» Irmi blickt zu ihm hinab. ‹Wundervolle Augen hat er›, denkt sie und sagt: «Ich bin froh, daß du bei mir bist.»

Er umschließt ihre Hand: «Mir wird schon etwas einfallen. Auf jeden Fall mußt du ins Bett. Du hast zuwenig Schlaf bekommen, schon lange, scheint mir.»

«Aber zuerst muß ich mit dir sprechen.»

«Das ist doch selbstverständlich, meine Kleine.» – In dieser Stunde ist sie wirklich wieder ‹seine Kleine›, die zu ihm kam, kaum daß sie um die Ecken kurven konnte und sich ab und zu eine Beule holte. Mit den kleinen Händen die Locken aus der Stirn schiebend, ließ die Zweijährige sich von dem Fünfzehnjährigen verarzten und trug ihr Pflaster stolz wie ein Schmuckstück. Wer es nicht bewunderte, den machte sie darauf aufmerksam... ‹Meine Kleine, mit hängenden Flügeln sitzt sie jetzt vor mir, läßt sich von meinem Pferd nach Hause tragen. Erlöst, daß ich sie aus der Freiheit befreit habe.›

Zuerst hat Frank sich Irmi gegenübergesetzt, aber dann zieht er seinen Sessel auf die andere Seite, dicht neben den ihren. Es gibt Gespräche, die man nicht gern Auge in Auge führt. Es wird ihr offensichtlich schwer, einen Anfang zu finden, und so beginnt er: «Gebranntes Kind scheut das Feuer. Aber auch Brandwunden heilen, und sogar die Narben sind noch zu etwas gut: sie warnen.»

«Gewarnt hat Omi mich auch.» (‹Sie hat jetzt Omi gesagt, und nicht Madam›, stellt Frank fest.) «Und nicht nur mich, auch Tessa. Und wie wir Tessa kennen, wird sie den Rat besser befolgen als ich, denn sie ist berechnender als ich.»

«Ein bißchen rechnen kann nicht schaden, Irmi. Und Tessa rechnet nicht nur für sich selbt... Daß ich schon in diesem Monat hier bin, ist auch von ihr geplant. Sie hatte Sorge um dich, weil du so jammervoll schlecht aussahst, weil du so unansprechbar warst. Sie hat mich angerufen, und ich bin gekommen und habe Gladur mitgebracht – für dich.»

Irmi weicht seinem Blick aus. «Kann ich eine Zigarette haben?»

Er reicht sie ihr und gibt ihr Feuer.

Das selbstsichere Mädchen, das sich ungehindert hatte entfalten dürfen und daher jede Bevormundung haßte, ist in dieser Stunde ein unglückliches Kind, dem die jüngsten Erlebnisse und der Schock noch immer zusetzen.

«In totaler Freiheit leben, mit absoluter Selbstbestimmung, ganz auf sich gestellt, hat nicht nur Vorzüge, es hat auch seine Härten. Und – es ist nicht ganz unge-

142

fährlich... Das würdest du mir natürlich nicht abnehmen, würdest es mit einer Handbewegung abtun, wenn du nicht erlebt hättest, *wie* hart es sein kann, allein – ohne Schutz, auf den man freiwillig verzichtet hat. Denn es wäre dir doch gar nicht recht gewesen, hättest du gewußt, daß ich dir schon dreimal gefolgt bin.»

Irmi zuckt zusammen und zieht unwillkürlich ihre Hand zurück.

Frank nimmt sie behutsam wieder in seine Hände: «Und – was hast *du* tun müssen, als Gegengabe für ihr Verständnis? Deine Situation kam ihr doch wahrscheinlich sehr gelegen.»

«Wie meinst du das?»

«Hat sie dich nie um eine Gefälligkeit gebeten?»

«Doch, das schon. Aber nichts von Bedeutung... Ich hab' schon mal Briefe und auch schon mal Päckchen weggebracht, zu einer Bekannten von ihr und zu einer bestimmten Stelle im Wäldchen, das zwischen ihrem Haus und dem Wald liegt. Aber dorthin nur dann, wenn ich mit Gladur kam. Das wollte sie so... Ich nehme an, sie hat zwei Freunde, und der eine soll nichts von dem andern wissen.»

Frank hört schweigend zu. Schließlich sagt er: «Wichtig ist jetzt nur noch, daß du zur Ruhe kommst... Was du noch wissen mußt: Klaus hat auch schon die ersten grauen Haare auf der Seele, auch reichlich früh; er ist Mitte zwanzig. Er war verlobt. Doch die Bindung wurde gelöst. Ich kenne nur seine Darstellung, aber ich glaube ihm. Seine Verlobte, ich habe sie vor einigen Jahren erlebt, war nicht die richtige Partnerin für ihn. Ekelhaft spöttisch und maßlos berechnend. Durch ihr impertinentes Verhalten gereizt, ist ihm eines Tages die Hand ausgerutscht. Ein Schlag – den er sehr bereut. Inzwischen hat sie einen Mann geheiratet, der mehr Geld hat als Klaus, und ihn wird sie wohl besser behandeln. Klaus leidet noch heute darunter, daß er, der sonst so beherrscht ist, sich eine Sekunde nicht in der Gewalt hatte. Daß er beherrscht ist, habe ich erfahren. Schlecht behandelte, verängstigte, böse Pferde gibt man in seine Hände. Ich habe bisher noch nicht erlebt, daß er die Geduld verliert. Und ich kann mir kaum vorstellen... aber es gibt Frauen und natürlich auch Männer, die sind nur mit der Feuerzange anzufassen. Das ist dann kein Drama, wenn ihr Partner im Umgang mit Feuerzangen geübt ist. Leider ist er's meistens nicht, denn die Harten suchen weiches Material.»

Nach einer langen Pause sagt Irmi: «Wie recht du hast. Wirst du Klaus von mir schreiben oder mit ihm sprechen?»

Frank nickt. «Weine nicht mehr, Kleines...» Er lenkt ab: «Wir müssen die Kompressen noch einmal erneuern. Tut's noch sehr weh?»

«Nicht so schlimm. Viel schlimmer ist, daß du, wenn du hier bist, immer von uns allen in Atem gehalten wirst. Wann wirst du einmal an dich denken?»

«Bald!»

Sie legt ihm mit einer scheuen Gebärde den Arm um den Hals; scheu, da sie nicht mehr drei Jahre alt ist, sondern achtzehn. –

Er streicht ihr über die Wange: «Mein großes Mädchen. Und jetzt die Tücher wieder anfeuchten. Besser wär's doch, du legtest dich ins Bett. Auf die rechte Seite, damit wir die linke frei haben zum Verarzten. Es muß nicht sein, aber spät genug ist es ja ohnehin.»

Während Irmi sich auszieht, holt Frank noch einen ‹Schlaftrunk›, wie er es nennt. Nachdem die Tücher wieder angefeuchtet sind, setzt er sich zu ihr. «Jetzt trinken wir in Ruhe unsere Gläser aus, und dann mußt du schlafen.»

«Ich will auch.»

«Es ist gut, wenn man will, was man muß.» Frank klopft ihr auf die Hand.

«Weißt du, ich sehe sie immer noch vor mir, wie bleich sie wurde, als du den letzten Satz sagtest. Sie sah aus, als wollte sie dich umbringen.»

«Das ist nicht ganz so einfach, wie manch einer sich das vorstellen mag. Ich hätte sie auf die Matte gelegt.»

«Sie sah zum Fürchten aus und gleichzeitig so, als ob auch sie sich fürchtete.»

«Vielleicht hat sie Grund dazu, denn als ich das zweitemal dort war, habe ich nicht allein das Grundstück im Auge behalten. Da war noch jemand...»

«Noch jemand?! Wer war das?»

«Ich weiß es nicht.»

«Hat er dich gesehen?»

«Nicht daß ich wüßte.»

«Ich habe Angst...»

«Aber Kindchen. Wenn es jemanden gibt, der sie nicht aus den Augen läßt, dann ist sie doch bestens aufgehoben.»

«Bist du die beiden anderen Male auch so nah am Haus gewesen?»

«Nein. Aber heute hatte ich vor, mir diese Frau – Berghudel oder -hadel etwas genauer anzusehen, und zwar in deiner Gegenwart. Allerdings habe ich vorher mit dir sprechen wollen, aber du warst schneller, warst schon fort; und vorher blieb mir keine Zeit, denn abgesehen von den Stunden nach dem Abendessen wird man ja fast immer von mindestens einem Familienmitglied ‹beschattet›, und das ist so beruhigend.» Er sagt es mit nettem, gutmütigem Spott.

«Ich wollte ja auch nicht mehr hingehen. Nur noch dieses eine Mal. Ich will alles vergessen, was mich gequält hat. Ich ahnte ja nicht, daß sie so schrecklich sein kann, so – gemein. Sie hat gedacht, Vati will überhaupt nicht mehr kommen und ich wahrscheinlich auch... Oder sie hat den Verstand verloren...»

«Vielleicht.»

Es klopft, und die Tür wird geöffnet. «Ach, der Onkel Doktor! Dann bin ich beruhigt. Ich wollte nur noch mal schnell nach dir sehn, Irmichen. Daß Gladur dich abgesetzt hat! Tut dir die Seite noch weh?»

«Verehrte Eva, reiten lernt man nur vom Reiten! Und ab und zu mal abrutschen gehört dazu... Ein Pferd hat auch Nerven, und wenn es erschrickt... und der Reiter hat gerade gedöst...»

«Aber Irmi sieht so blaß aus, hoffentlich wird sie nicht krank...»

«Nein, Mutti, es ist nichts.»

Ein mütterlicher Kuß auf die Stirn. «Schlaf gut, Herzchen. Und laß das Rauchen! Gute Nacht, Frank!»

«Gute Nacht, Eva. Und wo bleibt der Stirnkuß für mich?»

«Männer küßt man nicht auf die Stirn.» Sie drückt ihre rechte Wange an seine rechte und ihre linke an seine linke.

«Das war ja wie beim Abschied», protestiert er.

«Oh, ist das schwer, es dir recht zu machen! Ich werde deine Zukünftige aufklären, bevor sie dich heiratet. Ich sage ihr alles, was ich weiß!»

«Du wirst doch nicht! Gefährde nicht meine glückliche Zukunft.»

«Doch! Ich sage alles! Und jetzt findet endlich Schlaf, ihr beiden Nachteulen.»

«Es gibt noch eine dritte unter unserm Dach.»

«Ich weiß! Unsere Madam!»

Madam lauscht gerade Bernstein, dem großen Meister, der die New Yorker Philharmoniker flüstern und brausen läßt, flüstern wie eine kleine Vogelstimme und brausen wie ein Orkan, der gewaltig ist, aber nicht zerstörend. Er glaubt, Rossini habe es so gewollt, und es wird wohl stimmen.

14 Gladur, mein Guter, heute ist ein wundervoller Tag!

Bella stapft in ihren roten Gummistiefelchen über die Wiese und zieht einen kleinen grünen Karren hinter sich her; bei jedem Pferdeapfel macht sie Halt und wirft ihn in die Karre. Sie benutzt eine kleine Schaufel und nimmt, wenn nötig, ihre Finger zu Hilfe. Leise vor sich hinredend tut sie ihre Arbeit, denn Mutti hat ihr erklärt, daß ein Vergnügen etwas kostet, und zwar Geld oder Arbeit und manchmal sogar beides. Onkel Frank hat ihr erklärt, weshalb die Wiese schön saubergehalten werden muß. Den Pferden zuliebe wurden sogar die Schneeglöckchen und Maiglöckchen ausgebuddelt, weil sie giftig sind und die Pferde ja nicht lesen können. Sonst hätte man einfach Schilder drangestellt: Vorsicht! Gefährlich!

Bella zieht ihre Bahn, quer und kreuz über die grüne Fläche, und brummelt vor sich hin: «Da freut sich die Hela aber, wenn sie solch ein schönes, sauberes Zuhause hat. Und der Gladur freut sich. Au, da ist noch ein dicker Haufen! Gleich ist meine Karre voll. Morgen ist der Lexi dran. Aber ich kann viel schneller.»

Vor dem Schuppen steht Tessa und putzt Gladur. ‹Er trägt ein Seidenkleid wie ein Vollblüter; nicht zu glauben, daß sie im Winter wie die Bären aussehen. Aber Onkel Frank kennt die Bären, und seine Photos bestätigen es. Und wir werden sie im Winterpelz kennenlernen. Ich freu' mich schon darauf!›

«Gladur, mein Guter, heute ist ein wundervoller Tag! Ein äußerst wundervoller Tag, mein Pferdchen. Bella und ich allein zu Hause, Madam zum Friseur gefahren, Mutti mit Lexi zum Zahnarzt, Vati auf Praxis und Onkel Frank mit Irmi ins Kino.»

‹Wer möchte in meiner Begleitung wieder mal ein geistreiches Lustspiel sehen? Man sollte das Gebotene nutzen, denn es ist rar. Ein Lustspiel mit Happy End, wenn möglich›, hatte Frank gesagt und Irmi zugezwinkert, und sie hatte einen fröhlichen Blick wie schon lange nicht mehr.

‹Gott sei Dank, sie scheint sich wieder aufgerappelt zu haben. Dieser Klaus macht einen riesig netten Eindruck. Na ja, muß schon was dran sein, wenn Onkel Frank ihn zum Freund hat. Wenn dieser Klaus sich wirklich ernsthaft für Irmi interessieren würde... Irmi war ja sehr nett zu ihm. Schön dumm, wenn sie's nicht gewesen wäre. Schließlich – solch ein Mann läuft einem Mädchen nicht jeden Tag über den Weg.›

Der Striegel und die Kardätsche kreisen über Gladurs Leib, sehr zu seinem Behagen, und Tessa summt einen Hit, sehr zu ihrem Behagen. Jetzt richtet sie sich auf, ihren Rücken dehnend.

«Meine Karre ist voll, Tessa!»

«Fein, Bellachen, dann geh und kipp sie aus.»

«Ich bin auch schon ein bißchen müde.»

«Ach, dagegen weiß ich ein gutes Mittel. Lauf in mein Zimmer, in meinem Schrank hinter der Wäsche sind Bonbons. Bring sechs Stück. Du kannst ja zählen.»

«Ja, kann ich! Bis zehn!»

«Gut! Aber zähl diesmal nur bis sechs. Du mußt dir den Hocker nehmen, sonst reichst du nicht 'ran!»

«Ja, den hol' ich mir!» Bella läßt alles aus den Händen fallen, macht kehrt und saust dem Haus zu.

«Bella! Bella! Die Stiefel ausziehen!»

«Ja! Mach' ich!»

Kurz bevor Bella die Tür erreicht hat, fällt Tessa noch etwas Wichtiges ein, und sie ruft: «Vergiß ja nicht, dir zuerst die Hände zu waschen. Wehe, wenn du mit den Pferdeäpfelfingern meine Wäsche durchwühlst.»

«Diese Aufgabe hätte ja auch ich übernehmen können.» Diese Stimme! Tessa braucht eine Stütze und findet sie an Gladur.

«Tessa! Ich mußte dich wiedersehen! Du warst doch früher immer nett zu mir, wenn ich hierher kam. Ich lasse mich nicht von dir abwimmeln.»

«Ist ja auch scheußlich, wenn man's am eignen Leib erfahren muß», sagt Tessa.

«Ich weiß, was das heißen soll», grollt er. «Du denkst an deine Schwester. Dabei wart ihr doch nie ein Herz und eine Seele. Das lag nicht an dir, und deshalb hast du auch keine Veranlassung. . .»

«Keine Veranlassung, mir das länger anzuhören.»

«Tessa!! Ich muß weg, Militärzeit, in fünf Wochen. Die Zeit könnten wir doch noch nutzen.»

Bella, in jeder Hand drei Bonbons, läuft die Treppe hinab. Unten an der Tür legt sie die Bonbons auf die Erde, zieht ihre Gummischuhe an, sammelt die Bonbons auf, drei rechts, drei links, und saust auf die Wiese. Mit einem Ruck bleibt sie stehen. Tessas Stimme ist ihr in die Glieder gefahren.

«Faß mich nicht an!!» Ganz böse ist Tessas Stimme. Mit wem ist sie denn so böse? Sie ist doch sonst nie böse.

Bella wagt sich nur so weit vor, daß sie Gladur sehen kann. Die Lippen geöffnet, die Augen weit aufgerissen, nimmt sie alles in sich auf, was da passiert. Sie steht regungslos, sogar zu schreien vergißt sie.

15 Gegen schießen hab' ich was!

Zur gleichen Zeit steht Irmi neben einem hohen Spiegel, dessen Goldrahmen mit Schleifen und Putten verziert ist. «Wie kommst du bloß auf die teure Idee, Onkel Frank? Wir wollten doch nur ins Kino gehen.»

«Stimmt! Und uns amüsieren. Ist es nicht auch amüsant, ein neues Kleid zu haben?»

«Schon! Aber», sie bringt ihren Mund in die Nähe von Franks Ohr, «so sündhaft teuer. Anderswo kriegt man zwei oder drei für das Geld.»

Die Dame, anscheinend die Besitzerin, klein, schmal, lebhaft, bringt eine Auswahl. «Hier habe ich etwas sehr Apartes: Knautschlack, Sie können es in Mini und Midi haben. Und hier ein Modell ‹Quelques fleurs›, bunt wie der Hochsommer... Auch dieses ganz schlichte Modell ‹Mallorca› ist ein Gedicht: ein schönes Gelb, raffiniert einfach, dabei allerbeste Qualität.» Jedes Kleid wird nach der lobenden Anpreisung auf eine Stange geschoben. «Welches möchten Sie zuerst probieren?»

Irmi, die noch nie unentschlossen oder besonders bescheiden war, wenn sie Muttis Portemonnaie erleichtern konnte, sieht jetzt zu Frank hinüber: «Was meinst du?»

Er schmunzelt: «Ich würde das letzte empfehlen, es hat viele Vorzüge: Raffinesse, die sich hinter Qualität und Schlichtheit verbirgt; und dann ist es von einer Farbe, die nach Sonne riecht, betört! Ich glaube, auch Klaus würde dir dazu raten», setzt er leise hinzu. «Aber probiere sie doch alle drei, laß dir Zeit.»

In einem winzigen Sessel mit goldenen Beinchen kommt er sich zwar unmännlich vor, doch diese ganze Situation erheitert ihn: ‹Ich genieße jetzt das Vergnügen, das mir meine Eltern vorenthielten – eine hübsche Schwester.›

Zu jedem Kleid will Irmi seine Meinung hören; schließlich muß er bezahlen, und es soll auch ihm gefallen. Es soll Männergeschmack sein, und sie denkt dabei an Klaus, der zu genau der gleichen Zeit in einem Schweinestall kniet und einer Gebärenden mit einem Kaiserschnitt Hilfe leisten muß. Neben sich zwei Stühle, die mit weißen Handtüchern bedeckt sind und blitzende Instrumente tragen.

«Hier habe ich noch etwas Ausgefallenes, Mondänes. Ein bißchen gefährlich, ein bißchen giftig, aber sehr attraktiv! Sie könnten es tragen!» Mit diesen Worten hält die kleine Boutiquedame am hochgereckten Arm ein grünes Kleid.

Irmi und Frank sehen sich an und denken beide an dasselbe: an gestern abend, an die Frau im giftgrünen Kleid.

«Danke, darauf können wir verzichten», sagt Frank und lächelt Irmi zu.

«Gut. Vielleicht noch eine andere Farbe?»

«Vielen Dank! Ich möchte das gelbe Kleid nehmen.» Sie sieht Frank an. Er nickt ihr zu.

«Besser konnten Sie auch kaum wählen», stellt die kleine Frau fest, verbindlich und zufrieden lächelnd. «Darf ich Ihnen noch etwas zeigen? Einen Hosenanzug mit ärmellosem Mantel, sehr auffallend, das Allerneueste. Oder bevorzugen Sie den Western-Look? Ich zeige Ihnen gerne. . .»

«Nein, nein, vielen Dank!» wehrt Irmi ab.

«Wenn du gern möchtest. . .», sagt Frank.

«Nein, danke, auf keinen Fall.»

«Lassen wir's bis zum nächsten Mal», sagt er und zieht seine Brieftasche, schaut hinein und nimmt dann das Scheckheft. «Es reicht nicht ganz, kann ich Ihnen für den Restbetrag einen Scheck geben?»

«Aber selbstverständlich.»

Eine große Papiertasche: zartbunte Biedermeierstreifen, auf denen ein schwarzes Medaillon sitzt, überreicht die kleine Frau der neuen Kundin. Galant nimmt Frank Irmi die Tüte ab, und als sie auf dem Bürgersteig stehen, schlägt er vor: «Darf ich Sie jetzt zu Kaviar und Champagner einladen, Chérie?»

«Aber Franki! Oh, vor lauter Schreck hab' ich den ‹Onkel› vergessen.»

«Laß ihn weg, denk, ich sei dein großer Bruder, der

151

sich ganz simpel brüderlich freut, daß du wieder die alte Irmi bist. Zwar noch ein bißchen müde, und daher nicht angriffslustig, aber doch nahezu wieder die alte.»

Irmi schiebt ihre Hand in die seine.

«Also, Chérie, wollen wir unverschämt fein essen gehen, oder willst du möglichst schnell nach Hause, um das Neue vorzuführen, Mutti und Madam und Tessa – Bella nicht zu vergessen... Ich habe noch einen dritten Vorschlag: die kleine Weinstube! Die richtige Atmosphäre für reitendes Volk.»

Andrea hatte einer Kundin, die enorm schwierig ist und enorm wohlhabend, zwei Kostüme gebracht, an denen einiges hatte geändert werden müssen. Sie hatte sich viel länger aufgehalten, als ihr lieb war. Eilig und schwungvoll stößt sie die Ladentür auf.

«Laß dir Zeit! Das Beste heute hast du ohnehin versäumt.»

«Was kann das schon gewesen sein?»

«Immerhin – ein Mann, für den ich bereit wäre, meine Freiheit aufzugeben.»

Andrea winkt ab. «Das hast du schon dreimal gesagt.»

«Dreimal – in drei Jahren, das stimmt. Daran siehst du, wie selten solche Glanznummern sind. Du weißt doch, ich hab' einen Geigerzähler, der anzeigt, wenn eine Perle in der Muschel sitzt.»

«Ja, ich weiß, und diese verborgenen Perlen haben alle schon Muschelbesitzer.»

«Leider! Aber diesmal war sie wenigstens hübsch. Die konnte alles tragen. Und jung war sie auch. Etwa Anfang zwanzig.»

«Und sympathisch, da sie die Perle beknetet hat, ein teures Kleid zu kaufen.»

«Nein. Neeiiin! Umgekehrt, er hat sie beknetet.»

«Donnerwetter! Ein netter Mann, wenn's ihr Mann ist.»

152

«Seinen Namen kenne ich auch», sagt Claudia. Und so ganz nebenbei, so wie mit den Fingern hingeschnippt, sagt sie noch und wiederholt dabei seine höfliche Verbeugung: «‹Darf ich um eine Empfehlung an Fräulein Tomms bitten?› Er sagte es, als seine Dame schon aus der Tür ging, und er, ganz Kavalier, die teure Tüte in der Hand, ihr folgte.»

«Jezt wird's komisch! Und wie heißt er?»

«Moment!» Mit schnellen Schritten geht Claudia einer Kundin entgegen. «Guten Tag! Bitte sehr?» Nachdem sie die Wünsche der Kundin gehört hat, wendet sie sich zu einem der Glasschränke und ruft gedämpft: «Der Name steht auf dem Scheck!»

«Das ist ein besonders schöner Mantel, Messemodell», flötet Claudia und hilft der Kundin beim Überziehen. Kurz blickt sie zu Andrea hinüber. «Fabelhaft sitzt er!» sagt sie zu der Kundin, dann drei Schritte auf Andrea zu: «Du bist ja plötzlich so blaß! Geh, trink einen Pikkolo.»

Aus Tessas Zimmer klingt leichte Musik. Es ist nichts Ungewöhnliches, daß sie ihre Schulaufgaben mit Musikbegleitung macht. In zehn Tagen gibt's Ferien – für immer. Grund genug, zu singen und zu flöten. In beidem ist Tessa mehr als Durchschnitt.

Lexi hat mit ihr Abendbrot gegessen und spielt jetzt noch in seinem Zimmer. Er genießt es, ausnahmsweise einmal nicht gleich nach dem Abendessen ins Bett zu müssen. Madam ist mit Tochter und Schwiegersohn ins Theater gefahren. Der Rest der Familie, Irmi, Frank und Bella, haben sich an einem Ende des langen Tisches zusammengesetzt. Bella rührt emsig mit dem Löffel in der Grießsuppe, aber sie ißt nicht. Lediglich mit dem Zeigefinger macht sie eine Stichprobe und leckt ihn ab.

«Du denkst wieder an Märchen statt zu essen», tadelt Irmi. «Woran hast du jetzt gedacht?»

«An heute nachmittag hab' ich gedacht. Aber das ist kein Märchen! Das ist wirklich wahr! Bloß gut, daß der Gladur da war.»

«Wieso?»

Bella stützt ihren Ellbogen auf den Tisch und ihren Kopf in die Hand. «Der Wärner war da und wollte die Tessa aufs Kreuz legen. Der hat sie ja richtig doll festgehalten! Aber sie hat sich losgerissen!»

«Der Wer..., *der* war da?» sagt Irmi und sieht zu Frank hinüber. «Ist das wirklich wahr, Bella?»

«Ja, das ist wirklich wahr. Mutti sagt doch immer, ich darf nicht lügen.»

«Ja, das stimmt.» Frank nimmt Bellas Löffel. «Ich werde dich mal füttern. Nimm schön den Ellbogen vom Tisch und mach dein Mündchen auf. Drei Löffelvoll essen und dann erzählst du weiter, und dann wieder drei Löffelvoll.» Diese Sache, die sich da anscheinend am Nachmittag abgespielt hat, muß man bagatellisieren.

Bella hat die drei Löffelvoll brav geschluckt; für den lieben Onkel Franki sind die Kinder bereit, alles mögliche zu tun. «Vielleicht wollte der Wärner die Tessa auch hauen. Aber die Tessa, die hat sich hinter dem Gladur versteckt.» Bellas Gesicht strahlt, als sei ihr dieser wunderbare Einfall gekommen. «Hinter dem Gladur hat sie sich versteckt... Und auf einmal hat einer gebrüllt.»

«Wer hat gebrüllt?»

«Der Wärner, der Wärner! Er hat die Hela angefaßt, und da hat die Hela ausgekeilt, weil sie hinten doch kitzelig ist.»

«Und was weiter?»

«Na ja, und da hat er gebrüllt. Und dann ist er weg! Aber richtig gehen konnt' er nicht mehr. Er ist gehumpelt. So!» Blitzschnell ist Bella vom Stuhl gerutscht: «So ist er gehumpelt. So!»

«Ich muß lachen, und wenn es mich eine Freiheitsstrafe kosten würde», murmelt Frank, und lacht hinter

154

vorgehaltenen Händen. Dann blickt er zu Irmi hinüber. «Mir scheint, Hela hat ihre Sache ausgezeichnet gemacht. Der Besucher kann von Glück sagen, daß Hela zur Zeit keine Eisen hat. Jedenfalls wird ihm jetzt die Lust zu einem Rendezvous in Helas Gehege vergangen sein. *Ich* möchte es ihm allerdings auch raten.»

«Onkel Franki!»

«Ja?»

Bella klettert ihm auf den Schoß. «Tessa hat gesagt, er geht weg. Bald. Weit weg!»

«Na, das wird unsere Hela aber freuen, Bellachen. Dann braucht sie sich nicht mehr über ihn zu ärgern.»

«Und ich brauch' mich dann auch nicht mehr über ihn zu ärgern. Und Lexi auch nicht. Er hat nie mit uns gespielt.»

«So, so, vielleicht hat die Hela ihm deshalb eins ausgewischt und wartet womöglich schon auf die nächste Gelegenheit.»

Bellas runde Augen werden noch größer und wechseln die Farbe: «Wirklich, Onkel Franki?»

Madam sitzt an der Nähmaschine. Tessa möchte, nachdem sie viel Bein gezeigt hat, spontan etwas weniger zeigen, und Madam hat sich wie immer bereit erklärt, ‹die liebe Madam› zu sein, die, von einer zärtlichen Umarmung gestärkt, der Verwandtschaft oft Tage an der Nähmaschine opfert. Ihre Kunst ist immer dann gesucht, wenn Frau Evas Fähigkeiten nicht ausreichen.

Eben hatte Frank ihr einen Besuch gemacht. Sie hört in Gedanken wieder seine Worte: ‹Dein Abkommen mit diesem Wärner› – er imitierte Bella – ‹war eine famose Idee. Die Frist, die du ihm gesetzt hattest, hat genau gelangt. Das konntest du natürlich nicht wissen, aber es ist wunderbar, daß es so ist. Irmi hat die Geschichte überwunden. Die Neuigkeit, mit der Bella aufwartete, hat sie nicht mehr getroffen.› – Und ihre

Antwort: ‹Dank deiner Hela und dem jungen Mann, der sie herbrachte. Jetzt dürftest du wirklich mal an dich denken, Frank. Übrigens, das Kleid, das du Irmi gekauft hast, ist bezaubernd. Die große Tüte kam mir doch so bekannt vor. . .›

Es klopft. Madams Gedankenfaden reißt ab. Die Klinke klappt mit kurzem Schwung nach unten und wieder hoch. Das kann nur Bella sein.

«Omi! Omi, kann ich dir was helfen? Wir haben eben mit Vati eine Schallplatte gehört.»

Jetzt kommt auch noch Lexi dazu. «Wir haben eben eine Schallplatte gehört!»

«Davon hab' ich doch schon erzählt», zischt Bella.

Aber Lexi läßt sich nicht beirren. «Die von Tom Sawyer, weißt du, die, wo sie in der Höhle waren und nicht mehr hinausfanden. Aber jetzt hat Vati keine Zeit mehr. Er muß nochmal fort. Mit einer Kuh stimmt was nicht. Sie frißt nicht, hat er zu Mutti gesagt. Hier gibt's aber auch so viele Kühe und so viele Schweine. Das ist ein Ärger, daß er wieder weg muß.»

Hinter Lexis Rücken hat Bella sich schnell den Schaukelstuhl gesichert. Und es kommt, was nie ausbleibt, der Kampf um den schwingenden Sessel. Lexi will, daß seine Schwester ihn neben sich sitzen läßt, sie aber will allein schaukeln.

«Schluß der Debatte!» Omis Stimme kann durchdringend sein. «Bella war zuerst da, und jetzt schaukelt ihr nach der Uhr. Jeder drei Minuten.»

Als Bellas Zeit abgelaufen ist, stürmt Lexi vor und zieht sie aus dem Stuhl. Aber Bella entsinnt sich, daß sie ihm doch etwas voraus hat, und ruft: «Aber du hast nicht gesehn, wie die Hela dem Wärner eine gewischt hat. Der ist durch die Luft geflogen, und als er wieder 'runter kam, da war die Tessa fort. Der Wärner, der hat doch die Tessa festgehalten, ganz fest, mit beiden Armen, richtig um sie 'rum. Er hat sie verhauen wollen!»

«Schon wieder? Am See wollt' er das doch auch schon. Aber ich hab' die Trill...» Lexi stoppt und preßt seine Lippen zusammen. Das sollte ja ein Geheimnis bleiben. ‹Und Bella kann noch keine Geheimnisse für sich behalten, hat Tessa gesagt, sie ist noch zu klein, aber ich bin schon groß.› «Von wem hast du denn die schönen Blumen, Omi?»

«Von Onkel Frank.»

«Ich bring' dir auch welche, Omi!» Bella kann sich anschmiegen wie ein Kätzchen; es fehlt nur noch, daß sie auch noch schnurrt.

«Omi, der Lexi schaukelt schon soo lange!»

«Stimmt, ja, Lexi, deine Zeit ist um. Sofort aussteigen! Bella, einsteigen!»

«Omi, Omi! Wenn der Wärner nochmal kommt, dann schieß' ich!»

«Aber Bella!»

«Doch! Dann hol' ich mir die Cowboypistole vom Lexi, und dann schieß' ich so lange, bis er die Tessa losläßt.»

«Nein, Bella, gegen schießen hab' ich was.»

«Ach, Omi, die Bella ist dumm. Ich weiß was viel Besseres: er kriegt eine Spritze, dann ist er betäubt, und dann...»

«Abendbrot!» schallt es durchs Haus.

«Ich muß ja gongen!» ruft Lexi.

«Nein, ich!» ruft Bella. Und sie stürzen in halsbrecherischem Tempo die Treppe hinab...

Zur Nacht wird das Telephon nach oben umgestellt, ins Schlafzimmer der Eltern. Es steht neben Dr. Rolands Bett. Er wird nicht oft aus dem Schlaf gerissen, doch manchmal gerade dann, wenn es ihm gar nicht paßt.

«In der kommenden Stunde möchte ich absolut ungestört sein.» Mit einem zärtlich-schelmischen Blick zu seiner Frau hinüber wirft er ein Kissen aufs Telephon.

157

Er weiß nicht, wie spät es ist, als er aufwacht, aufgeweckt von dem Geschrill, das ihm immer wieder auf die Nerven geht. Schlaftrunken greift er nach dem Hörer. Nichts. ‹Wahrscheinlich habe ich beim Abnehmen die Gabel herabgedrückt, ich kann's nicht ändern. Der, der mich sucht, wird sich schon wieder melden.› Das Telephon läutet noch einmal. «Roland.»

«Herr Dr. Roland! Sie sind selbst am Apparat? Entschuldigen Sie, daß ich noch so spät anrufe. Ich bin schrecklich aufgeregt. Bitte, kümmern Sie sich um meine Tiere! Ich muß fort, verreisen. Mein Stiefbruder will mich um mein Erbteil bringen. Er hat das Testament gestohlen. Ich bin Ihnen ja eine Erklärung schuldig, wenn ich Sie um eine so große Gefälligkeit bitte. Ich kann die Tiere nicht mehr füttern, morgen früh bin ich nicht mehr da. Am besten würden Sie die Tiere zu sich nehmen. Es kann lange dauern, bis ich wieder zurückkomme. Sehr lange! Aber ich bezahle alles, alles! Den Hausschlüssel lege ich in die Box von Karat, unters Stroh, vorn in die linke Ecke.» – Schluß. Nichts mehr.

‹Karat, der Wallach, und Bilja, die Schäferhündin, sind also ab sofort ohne Betreuung›, denkt er und sagt, sich zu seiner Frau umwendend: «Das Gespräch ist beendet.»

«Wieso Gespräch? Du hast ja nichts gesagt.»

«Man hat mich auch nichts gefragt. Nur zwei Waisen hat man mir anvertraut.»

«Mach keine Witze um Mitternacht.» Frau Eva ist jetzt hellwach. «Wer hat denn angerufen?»

«Das wurde nicht gesagt.»

«Willst du mich auf den Arm nehmen?»

«Wenn du es wünschst, Liebling.»

«Daß du immer erst witzig wirst, wenn es Schlafenszeit ist. Also, du weißt gar nicht, wer am Apparat war – und hast ihn dir so lange angehört! Das gibt's doch gar nicht.»

«Doch, Evachen, es gibt Situationen, die hält man nicht für möglich. Und das war eben so eine. . .»

«Ich möchte schlafen, aber dazu bin ich jetzt viel zu neugierig. Was fehlt dem Vieh, wo du hinsollst?»

«Nichts!»

«Dann war einer am Apparat, der den Verstand verloren hat.»

«Nein, nein, das glaube ich nicht, der Verstand war hellwach. Jedenfalls werden wir Zuwachs bekommen, einen Schäferhund und ein Pferd.»

«Bist du nicht gescheit?»

«Ich kann doch die Tiere nicht verhungern lassen.»

«Wieso ausgerechnet du! Wieso kannst *du* nicht? Ich denke, du weißt gar nicht, um wen es sich handelt?»

«Doch – sie sagte. . .»

«Sie?»

«Ja. Sie sagte ‹Karat›, und das ist der Wallach der Honigblonden.»

«Nicht zu glauben! Sie soll ihr Viehzeug gefälligst selbst füttern.»

«Aber sie muß fort. Der Erbschaft nachrennen, mit der ihr Stiefbruder auf und davon ist.»

«Auf und davon mit einer Erbschaft! Jetzt wird es ganz verrückt. Erst macht sie dir schöne Augen, und dann erzählt sie dir auch noch Märchen, mitten in der Nacht. Eine Erbschaft kann man doch nicht auf den Buckel nehmen und damit verschwinden.»

«Aber, Kindchen, es gibt doch auch bewegliche Werte. Federleicht. Das Testament hat er gestohlen. Mehr weiß ich auch nicht. . . Oh, bin ich müde! Und morgen werden wir weitersehen.» Er faßt nach ihrer Hand, zieht sie zu sich heran und küßt sie.

«Ja, morgen werden wir weitersehen. Und mit Madams Rat und Franks Tat wird es ja auch irgendwie werden», spottet Eva, spielt Entrüstung und zieht ihm die Hand weg.

16 Wie in einem Krimi

Dr. Roland genießt den ersten Schluck seines Kaffees. Frau Eva ist noch in der Küche. Von hier kann sie fast die ganze Wiese überblicken. «Da ist er! Frank! Hallo! Komm zum Frühstück, bitte!»

Eva schließt wieder das Fenster, da der Westwind mit Regengesprüh hereinfegt.

Irmi und Tessa haben schon das Haus verlassen, und Madam hilft den Kindern beim Anziehen.

Frank erscheint, windzerzaust und wieder mal sehr leger in der Aufmachung, klopft ans Fenster und ruft vergnügt: «Ich habe bereits gefrühstückt wie ein Pascha, von holder Weiblichkeit eingerahmt.»

«Komm bitte trotzdem herein, es ist etwas Wichtiges.»

Noch bevor er sich gesetzt hat, ruft Eva: «Mitten in der Nacht angerufen!»

«Das ist doch nichts Neues. Sämtliche Bauern im Umkreis haben eure Telephonnummer bei den Wertsachen liegen.»

«Ich hab' dich ausreden lassen, höflich wie ich bin. Nun hör mir mal genau zu!» Temperamentvoll wiederholt Eva, was sie weiß. «Einem Testament nachjagen will sie. Die Honigblonde!»

«Die Rötlichbraune.»

«Wieso rötlichbraun?»

«Weil sie nicht mehr blond ist. Und schlanker ist sie auch. Irgend etwas muß ihr den Appetit verdorben haben.»

«Du kennst sie auch?»

«Flüchtig.»

«Das möchte ich später genau wissen. Zuerst sag mir mal, was *du* davon hältst, uns die Tiere. . .»

«Heute, fürs erste, könnte Tessa hinüberreiten und sie füttern», sagt Dr. Roland.

Frank widerspricht: «Auf keinen Fall! Ich würde sogar *dir* empfehlen, nicht allein hinzugehen.»

«Weshalb nicht!?»

Der Honig tropft vom Brötchen, Eva merkt es nicht, sie sieht gespannt auf Frank.

«Weil es nicht ratsam ist, in ein fremdes Haus einzudringen ohne Begleitung.»

«Ich habe doch einen Schlüssel», sagt Hans Roland.

«Du hast einen Schlüssel?» Eva hat flüsternd gesprochen, bittere Anklage im Blick.

«Aber Kinder, jetzt wird es noch dramatisch.» Er lächelt gequält. «Sie mußte mir doch sagen, wie ich hineinkomme», verteidigt er sich gegen den Blick seiner Frau. «Man kann einem normalen Menschen doch nicht zumuten, ein Fenster einzuschlagen, um einzusteigen.»

«Nein, das kann man einem normalen Menschen nicht zumuten», sagt Frank mit energischer Betonung und muß sich zwingen, seine Gedanken von seinem Mienenspiel fernzuhalten.

«Vielleicht ist alles gelogen, und sie ist gar nicht weg», sagt Eva.

Frank ist anderer Ansicht. «Ich glaube nicht, daß sie diesmal gelogen hat, was die plötzliche Abreise betrifft. Der Grund wird wahrscheinlich ein anderer sein. . .»

«Also gut, dann fahre ich hin und du fährst mit, und wir bringen die Angelegenheit so schnell wie möglich hinter uns. Oder hast du etwas anderes vor?»

«Ich muß in die Stadt, aber es reicht, wenn ich um zehn zurück bin.»

«Laß den Wagen auf der Straße stehen. Wir gehen den Feldweg.»

«Wozu? Das hält doch nur unnötig auf.» Hans Roland schüttelt den Kopf. «Sollte wohl ein Witz sein, was?»

«Nein. Laß dir raten! Parke an der Straße, dann denkt

man, der Wagen gehört zu dem Gehöft. Ein bißchen Vorsicht kann nie schaden.»

Dr. Roland seufzt: «Läutet mal wieder dein sechster Sinn?»

Sie steigen aus.

«Könnte ganz hübsch sein, in dem alten Haus zu wohnen, wenn es nicht so zugewachsen wäre. Axt und Säge müßten 'ran.»

«Sei nicht so rabiat!»

«Für eine alleinstehende Frau ist das Ganze zu düster, zu sehr von der Außenwelt abgeschirmt.»

«Vielleicht hat gerade das sie angezogen.»

«Möglich.»

«Auf keinen Fall gehen wir zusammen ins Haus.»

«Du hast zuviel von der bunten Welt gesehen, scheint mir. Weshalb diese kuriosen Vorsichtsmaßnahmen?»

«Weil ich der rotbraunen Blondine kaum ein Wort glaube.»

«Bei deinem Mißtrauen sollten wir den Herrn Polizeikommissar zum Pferdetränken und Hundefüttern bemühen!»

«Das wäre im Moment unter Umständen verfrüht. Aber den Tierschutzverein könnten wir hierherschikken.»

«Diese glorreiche Idee hätte dir auch schon heute morgen, das heißt vor einer Stunde kommen können, du Experte.» Hans lächelt sanft. «Unser Tierschutzheim hat noch nie ein Pferd gesehen. Es müßte anbauen im Affentempo. Wir gehen zuerst mal zu Karat.»

«Ich verstehe nicht, wo die Männer bleiben! Frank wollte unbedingt um zehn zurück sein. Und eben hat der Eibenhof angerufen, was ganz Dringendes. Und ein Hund ist überfahren worden. Jetzt muß Dr. Wessel von der Stadt herauskommen. Manchmal ist es wochenlang ruhig, aber in den letzten beiden Monaten ist was los...

Wo die beiden bloß bleiben? Frank ist doch sonst so zuverlässig.»

«Dein Mann etwa nicht?» Madams Stimme grollt.

«Natürlich, Mutti. Aber Hans ist zu gutmütig, er läßt sich alles stehlen, sogar die Zeit. Diese Sache zum Beispiel hätte er abwälzen sollen. Sie konnte ja das Tierheim anrufen. Aber im Tierheim ist eben keiner mehr um zwölf in der Nacht erreichbar.»

«Und habt ihr heute morgen das Tierheim angerufen?» fragt Madam.

«Nein, daran haben wir nicht gedacht, bei einem Pferd. So ein Fall ist ja neu. Als wären wir Babysitter für ausgewachsene Pferde! Aber sie wußte, daß wir Pferde haben.»

«Ist ja eine aufregende Sache.»

«Ja, das ist es tatsächlich.»

«Nein, ich meine, so betrogen zu werden, vom eigenen Bruder. . .»

«Wenn das stimmt. Wer weiß, wer wen betrogen hat. Ist mir auch uninteressant. Erfreulich nur, daß sie fort ist. Hoffentlich ohne Wiedersehen und -hören.»

«Immerhin war es eine treue Kundin.»

«Auf die wir verzichten können», brummt Eva. «Und jetzt ist sie abgereist, vielleicht auf sehr, sehr lange Zeit, wie sie sagte, und bezahlt ist noch nichts.»

«Wenn ihr nur zweimal im Jahr Rechnungen schreibt. . .»

«Wo die beiden bloß bleiben. Es macht mich nervös.»

«Wieso eigentlich?»

«Weil Frank Andeutungen machte, und er hat doch einen sechsten Sinn.»

«Wir wollen jedes Geräusch vermeiden.»

Hans lächelt und folgt seinem Bruder, der fast lautlos den breiten Eisenriegel zurückschiebt. Von dem Hund ist nichts zu hören. Seltsam, ein verlassener Hund jault

163

doch im allgemeinen. Dieser Gedanke kommt Frank, als er den dämmrigen Stall betritt. Sie gehen durch den kurzen Gang. Der Tierarzt kennt sich hier aus. Er geht zur Futterkiste, füllt eine Schüssel, ist auf dem Weg zur Box, da wird er am Jackett zurückgezogen. «Hierher! Hinter die Wand», raunt Frank.

Jetzt hört auch er Schritte und gleichzeitig Motorengeräusch. Es kommt näher. Die Schritte werden lauter, ein Schlüssel wird umgedreht, eine schmale Tür in der Wand zum Wohnhaus schwingt in den Stallraum. Ein Mann kommt. Er drückt die Tür zu, schließt sie ab und steckt den Schlüssel ein. Dann blickt er sich um, entdeckt die Futterkiste, steigt blitzschnell und geschickt hinein und läßt den Deckel leise hinunter.

Als das Pferd den Deckel der Futterkiste zuklappen hört, meldet es sich.

Das Motorengeräusch ist jetzt ganz nah, wird zu einem kurzen Grollen hochgetrieben und bricht ab. Ein Hund bellt. Männer sprechen, aber sie sind nicht zu verstehen. Die Haustürglocke ruft. Noch einmal wird geschellt, und noch einmal... «Aufmachen! Polizei! Aufmachen!!»

Eine unmögliche Situation! Und als ob Frank den Gedankengang seines Bruders ahnte, drückt er beschwörend seine Hand. Und das heißt: Rühr dich nicht! Ob die Polizei die Tür aufbricht? Wird ein schweres Stück Arbeit sein, der andere Weg ist einfacher. Selbst mit Hilfe von Handwerkszeug einen Fensterladen aus den Haken zu reißen und ihn auszuheben, ist zeitsparender.

Glas klirrt, und dann werden die Stimmen leiser.

‹Hausdurchsuchung... Wer mag das sein, der sich hier versteckt hat? Und wo ist sie? Sicher nicht mehr im Haus, denn sonst hätte sie ja nicht für den Anruf eine so ungewöhnliche Zeit gewählt. Aber wer weiß – wir werden sehen...›

Außer den Geräuschen, die das Pferd verursacht, ist

164

es totenstill. Immer wieder schlägt es an die Wand der Box und schnaubt und gibt zu verstehen, daß es Hunger hat und Durst und daß es spürt, daß da jemand ist, von dem es Nahrung erwartet.

‹Er hat wirklich den sechsten Sinn, mein kleiner Bruder... Nie wäre ich darauf gekommen, was mich hier erwartet. Eine verrückte Situation! Daß ich nicht gleich heute nacht auf das Tierheim gekommen bin. Aber schließlich, wenn sie mir mein Honorar schuldig bleibt, habe ich einen Wertgegenstand, das Pferd, das ich allerdings füttern und pflegen muß. Vielleicht hat sie so kombiniert. Donnerwetter, tut mir das Kreuz weh von dem Gebücktstehen, dieser abnormen Haltung. Und mein Bein ist auch schon eingeschlafen. Verdammt, verdammt... und das nimmt kein Ende. Wenn diese Hausdurchsuchung bis heute abend dauert, hat der Fremde die Haferkiste leergefressen, das Pferd ist verhungert, und meine Wirbelsäule hat für den Rest des Lebens einen Knacks.›

Stimmen, die immer lauter werden. «Der Vogel ist ausgeflogen.»

«Wir haben eben zu spät Wind davon bekommen. Wie so häufig. Muß ja eine tolle Person sein. Diamanten und noch einiges mehr. An- und Verkauf! Mit Schmugglern auf du.»

«Und hier machte sie in bieder. Hundchen. Pferdchen. Täubchen... Ich hab' mal mit ihr gesprochen – Malerin!»

«Wo hast du sie gesehen?»

«Unterwegs. Schließlich konnte sie ja nicht in ihrem Garten reiten und Auto fahren.»

«Ist auch deine Pflicht und dein gutes Recht, dich ein bißchen umzusehen. Auch nach netten Damen... Und jetzt gucken wir noch hinter die Tür da, und dann machen wir Pause.»

«Ist noch nicht mal der Riegel vorgelegt.»

165

«Kein Wunder, die Dame war ja eilig.»

«Ach, sieh mal, was für ein schönes Pferdchen! Wenn mich nicht alles täuscht, ist das ein Vollblut.»

‹Karat› läßt wie auf Kommando seine Stimme hören.

«Siehst du, der hat sich mir gleich vorgestellt. Beim nächsten Fasching werd' ich Prinz, und dann ist das mein Streitroß! Was glaubst du, was für Chancen ich dann habe.»

Mehr routinemäßig als aus dem Gedanken heraus, etwas zu entdecken, hebt einer der Beamten den Deckel der Futterkiste. «Ach, was haben wir denn da?»

Katzenschnell springt der Mann aus der großen Kiste. Ein Polizist will ihn fassen.

«Hände weg! Sonst wird's ernst!»

Und dann geht alles so schnell. Und wenn es der Teufel will, ist ein Unbeteiligter auch noch der Leidtragende. Und man weiß nicht einmal, welche der Kugeln ihn verletzt hat, ob sie aus der Pistole des Verbrechers oder aus der der Polizei kam. Eine Antwort auf diese Frage ist erst möglich, wenn der Chirurg seine kunstvolle Arbeit beendet hat und das corpus delicti zur Untersuchung vorliegt. Zur Zeit sitzt die Kugel in Franks Bein.

17 Heute war was los!
Kugel im Bein. Marienhospital…

Ein ereignisreicher Tag geht zu Ende. Im Hause Roland klingelt das Telephon.

«Bei Dr. Roland!»

«Bist du's, Tessa??»

«Ja, ich, nicht mein Double. Schön, daß du noch anrufst, Jörg. Heute war was los! Morgen steht es in der

Zeitung, nehme ich an. Hoffentlich wird unser Name nicht genannt. Ja – ja, mir geht's gut. Aber Onkel Franki liegt im Krankenhaus. Marienhospital... Kugel im Bein... Wahrscheinlich ein ‹Zufallstreffer›, wer weiß es. Bloß gut, daß Vati nicht allein... Besser mündlich... Ja, gut, morgen. Danke! ... Ja, du auch!»

Eva und Hans sitzen an Franks Bett.

«Hätten wir doch gestern nacht das Kissen liegen lassen!»

«Dann hätte uns der Anruf nicht erreicht», sagt Hans erklärend. «Aber du hast doch schon vor zwanzig Jahren so gern Sherlock Holmes gespielt. Nun ging dir endlich ein Jugendtraum in Erfüllung.»

Frank lächelt: «Genauso hatte ich mir das Aufwachen aus dem Traum auch vorgestellt. Übrigens, hast du Eva schon erzählt...?»

«Nein, das wollte ich auch noch dir überlassen. Du trägst nun schon so viel!»

«Da kommt es auf die Kleinigkeit auch nicht mehr an, meinst du. Tja, Eva, ich muß dich, so schwer es mir wird, über deinen Mann, meinen Bruder, aufklären. Er spielt, statt zu arbeiten. Er ist ein Playboy.»

«Nun hat es dich gerade eben erwischt, und statt zu weinen, ulkst du schon wieder.»

«Liebe Eva, bleib gelassen, wenn du jetzt alles erfährst. Die Polizei verlangte unsere Ausweise, und als der schießwütige Bursche den Namen Dr. Roland, Tierarzt, hörte, schrie er: «Das ist ja ihr Geliebter. Der weiß mehr...»

Eva hatte sich vorgebeugt, jetzt ruckt sie zurück, den Rücken fest an der Stuhllehne.

Frank tut das Beste, das er tun kann – er lächelt vergnügt: «Siehst du, so kann man zum ‹Playboy› kommen wie eine Jungfrau zum Kind. Aus Haßgefühlen werden Frauen ja besonders erfinderisch, heißt es. Und daß dein Mann ihre Wünsche nicht erfüllte, muß sie zutiefst erzürnt haben.»

Eva sieht auf ihre Hände. «Vielleicht hat der Kerl das auch erfunden, als er hörte, daß Hans Tierarzt ist und häufiger dort war. Oder er hat es aus Wut gesagt, weil er geglaubt hat, ihr hättet sein Versteck verraten.»

«Kann sein. Wichtig ist nur, daß du es weißt, denn es besteht ja die Möglichkeit, daß du es hörst.»

«Und wenn sie nicht bestehen würde, hättest du es mir nicht erzählt?»

«Nein!» sagt Frank.

«Aber ich hätte es dir erzählt, nicht heute und nicht morgen, aber wahrscheinlich übermorgen.»

«Ehemänner sind doch eine Sonderklasse», lacht Frank.

«Nicht alle», sagt Eva und streift mit ihren Lippen über die Wange ihres Mannes.

«Und für mich gar nichts?» meutert Frank.

«Doch, genau dasselbe für dich. Weil du so ein prima Kamerad bist.»

Der Rolandsche Wagen ist kaum aus dem Parktor herausgerollt, da fährt ein kleiner dunkelroter Flitzer hinein.

Andrea legt einen leuchtend bunten Blumenstrauß auf das weiße Bett, dann streckt sie Frank die Hand hin. Was soll man bloß sagen, wenn man verlegen ist und sich dabei vorkommt, als sei man ein Dutzend Jahre zurückgerutscht? «Blumen aus unserm Garten. Von uns allen!»

«Ich freue mich sehr, daß Sie gekommen sind!» sagt man, obwohl man annimmt, daß der andere es weiß. Denn von der Abwehr des ersten Abends ist nichts mehr zu spüren. ‹Sie ist gern gekommen. Und ich werde ihr sagen. . . sehr viel habe ich ihr zu sagen. . .›

Und Andrea stellt wieder einmal fest, daß die Augen

dieses Mannes sehr anziehend sind. ‹Und sehr angenehme Hände hat er... Und überhaupt... In seiner schäbigen Reitkluft sah er zünftig aus, wie hineingeboren. Ob auch ich in so etwas hineinpasse?›

Es klopft. Eine Schwester kommt herein, jung und niedlich. Sie bringt ein Tablett.

«Danke, Schwester! Setzen Sie es zunächst an die Seite, bitte... Und ich hätte gern eine Vase für die schönen Blumen.»

«Sofort, Herr Doktor.»

‹Wie die Schwester ihn angesehen hat! Geradezu liebevoll, aufreizend liebevoll, und zu mir keinen Blick, als sei ich Luft.› Spontan kommt Andrea eine Idee, und sie hört sich sagen: «Ich würde gern reiten lernen.» – ‹Lieber Himmel, dieser Entschluß kann mich Kopf und Kragen kosten.› – «Und ich glaube, Tessa würde sich die Zeit nehmen, mich...»

«Auch ich würde mir die Zeit nehmen.»

‹Sein Blick geht unter die Haut. Wer weiß, wozu ich mich noch entschließe, wenn ich nicht sofort diesen Platz an seinem Bett verlasse.›

«Gladur wird es ein Vergnügen sein, Sie zu tragen. Er erfüllt alle Ihre Wünsche, Sie brauchen sie nur zart anzudeuten.»

«Von wem mag er das gelernt haben?»

‹Sie kann ja auch schelmisch sein. Ein ganz neues Gesicht. Entzückend sieht sie aus.› – «Von wem er's gelernt hat, das darf ich nicht verraten. Aber eins müssen Sie doch wissen: Gladur hat seinen eigenen Kopf, wie so manche netten Leute», sagt Frank anzüglich. «Gladur läßt nur Reiter aufsitzen, zu denen er du sagen darf. Er und sein Kumpel, das bin ich...»

«Die Vase, Herr Doktor!» Der Kleinen bleibt das Wort im Halse stecken. Er hat ‹sie› vom Stuhl gezogen, in seine Arme. Schnell stellt sie die Vase auf den Tisch an der Längswand. Die Tür schlägt zu...

169

Madam macht eine Ruhepause, es ist Nachtisch-Zeit. Sie sitzt in ihrer Lieblingsstellung, den Schreibblock bequem gelagert, und beantwortet Briefe ihrer Freunde. Allerdings gelingt es ihr nicht, ihre Gedanken in gerader Linie Schritt gehen zu lassen, immer wieder brechen sie aus.

‹Unmöglich, diese Idee von Hans, Irmi dieses Pferd und diesen Hund vor die Augen zu setzen, deren Anblick sie an alles erinnert, was sie so gern vergessen will und schnell vergessen soll. Da mußte man eingreifen... Im Tierheim hat er's nicht schlecht... schließlich gehöre ich zu denen, die seit Jahren pünktlich ihren Tierschutzbeitrag zahlen und ständig für den Tierschutz werben. Eines Tages findet er sicher eine neue Herrin oder einen guten Herrn, ist ja ein schönes Tier. Ich werde mich umhören, sobald die Polizei ihre Entscheidungen getroffen hat. Auch das Pferd ist zunächst ordentlich untergebracht. Der Bauernhof in der Nähe der Villa hat Platz und Futter, der Bauer verdient noch ganz gut dabei.›

«Hallo! Ich bin's!» Tessa kommt. Sie strahlt. «Zum Abendbrot wird Onkel Franki wieder da sein! Und dann feiere ich mit ihm noch einmal meinen glücklichen Abschied von der Schule!»

«Wunderbar! Hol Blumen, Tessachen. Wir werden ihm einen Kranz um den Teller legen.»

«Nicht schlecht, Omi, aber ich glaube, noch lieber ist's ihm, wenn ich Hela und Gladur poliere und ihnen eine Blume in die Mähne stecke.»

An diesem Abend gibt es Sekt. Der Gründe sind so viele, die Anlaß zum Feiern geben. Tessa hat sich besonders hübsch gemacht, sie trägt ein bodenlanges Kleid mit großem Dekolleté, schmal in der Taille, nach unten weit auslaufend, über dem Boden eine die Fußspitzen umspielende Rüsche. Dazu um den Hals ein schwarzes

Samtband. Nach Tessas Angaben hat Madam das Kleid genäht. Und jetzt sagt sie: «Heute nennt man das ‹Western-Look›, dabei hat meine Mutter genauso ausgesehen, als sie siebzehn war, die Photos beweisen es, und sie hat nie den wilden, wilden Westen erlebt.»

Frank lacht. «Jetzt braucht Tessa einen Damensattel – oder eine Kutsche.» Er bückt sich, greift hinter den Volant seines Sessels, bringt ein Buch hervor und legt es Tessa in den Schoß. «Ein Gruß von Hela und Gladur und allen ihren Vor- und Nachfahren.»

«Heißgeliebte Islandpferde», liest Tessa. «Ist das schön! Ich freu' mich, Onkel Franki!» Spontan springt sie auf: «Drück mich an dein Herz!»

Das Telephon läutet. «Laßt euch nicht stören, ich gehe schon», sagt Madam. Kurz darauf ruft sie: «Irmi!! Ferngespräch!»

Kaum hat Irmi das Zimmer verlassen und Madam die Tür geschlossen, sagt Dr. Roland: «Der schießwütige Bursche hat gestanden: Sie war nicht hinter ihrem Bruder her, sondern er hinter ihr. Der Bruder ist natürlich kein Bruder, sondern ihr Komplize, und als er seinen Besuch ankündigte, um den Verdienst der letzten Monate zu teilen, hat sie es vorgezogen, ungeteilt zu besitzen, und ist verschwunden. Aber da haben noch ein paar andere ‹mitgemischt›.»

«Ah, und einer davon hat sie wohl beobachtet, oder war das vielleicht schon die Polizei, dezent in Zivil, als ich... Ein Verdacht, der aber noch nicht ausreichte, um... Und gefaßt hat man sie noch nicht?»

«Nein. Wenn Irmi eine Ahnung gehabt hätte, was in den Päckchen ist, die sie weggebracht hat!» flüstert Frau Eva. «Und diese Frau, der sie's brachte, ist auch verschwunden.»

Frank legt den Finger auf die Lippen und blickt zur Tür, und sein Blick verlangt: Sprecht von etwas anderem. Da wird die Tür aufgedrückt. Lexi! «Onkel Franki, kannst du mal kommen? Die Bella hat Bauchweh, ganz doll.»

Frau Eva springt auf und läuft hinter Lexi die Treppe hinauf...

Frank schiebt Bellas Nachthemdchen hoch und tastet ihren Leib ab. Lexi beobachtet des Onkels Miene, dann sagt er ernst: «Vielleicht kriegt die Bella ein Kind, Onkel Franki?»

Und ebenso ernst antwortet Frank: «Nein, Lexi, dazu ist sie noch zu klein und zu jung. Blähungen werden es sein. Wer weiß, was sie alles zwischendurch gefuttert hat. Obst, das noch nicht richtig reif ist. Jedenfalls, wenn du weiter so gut aufpaßt, Lexi, wirst du auch mal Arzt und dann meine rechte Hand.» Frank klopft dem Kleinen auf die Schulter.

«Das kann ich leider nicht, Onkel Franki. Ich werde ja Tierarzt, wie Vati!»

Irmi steht noch immer am Telephon, als sie die Treppe hinabkommen, und Frank bringt ihr einen Stuhl. Zum Dank drückt sie seinen Arm und fragt: «Soll ich ihn grüßen?»

«Mehr noch! Ich hoffe, er überzeugt sich bald einmal persönlich von meinem Gesundheitszustand.»

Anscheinend haben auch die Pferde die Absicht. Helas hübscher, schmaler Kopf schaut zum großen, weitgeöffneten Wohnzimmerfenster herein, und sie läßt sich verwöhnen. Hinter ihr Gladur, der sich neben sie drängt und nach einer Hand verlangt, die ihm ein Betthupferl reicht.

«Wie brav sie sind», lobt Madam, «wenn man bedenkt, daß die Höhe von siebzig oder achtzig Zentimetern von den beiden leicht bewältigt werden könnte.»

«Ganz leicht, ohne Anlauf!» lacht Tessa. «Und sich vorzustellen, was jetzt hier passieren würde, wenn sie nicht so brav wären! Ein Pferdehuf im Sektkübel, der andere im Fruchtsalat, der dritte haarscharf neben Madam auf der Sessellehne, und der vierte boxt Vati in die Magengegend, wenn Gladur so auffußt, wie ich vermute. Die andern vier. . .»

«Halt! Halt!»

Das Gelächter scheint Gladur, den sanften, zu ermutigen. Sein Kopf kommt näher. Er wiehert und bekommt eine Scheibe Brot. Ebenso Hela. Und Eva denkt: ‹Die beiden machen es uns leicht, die Blumen zu verschmerzen.›

«Uns mit den Isländern bekannt zu machen, war die beste Idee, die du je hattest, lieber Franki. Ich melde schon jetzt ernstgemeinte Kaufabsichten an, wenn Hela ein Fohlen haben wird.»

«Aber Madam! Helas Kind kommt in elf Monaten, das heißt, jetzt sind es nur noch zehn, und dann mußt du fünf Jahre warten, bevor du es reiten kannst. Isländer sind spät entwickelt.»

«Was macht das schon, ich habe Zeit. Und ich stelle es mir so schön vor, ein Pferdekind wachsen zu sehen. Außerdem soll es ein Geschenk sein für mein Patenkind.»

«Madam! Das ist doch nicht dein Ernst?!» Tessa stürzt sich in ausgebreitete Arme. «Omi! Wünsch dir was! Wünsch dir was!!»

«Ja, das tu ich! Sing doch bitte ‹Weißt du, wohin. . .› à la Karel Gott. Und wenn ich noch etwas wünschen darf: Parodiere doch auch noch mal die Piaf in ‹Mylord›. Ach, und ich wüßte noch was, aber gleich drei. . .»

«Nur zu, Omi, ein Pferd hat ja vier Beine.»

«Gut! Dann bitte noch einmal deine eigene Dichtung und Franks Komposition: ‹Adieu tristesse, bonjour amour›!»

«Und als viertes? Geniere dich nicht, Madam! Für ein Fohlen von Hela singe ich jeden Tag vier Lieder für dich, exklusiv.» Tessa hebt den Kopf wie ein Künstler, der Applaus erwartet.

«Onkel Franki, darf ich um deine musikalische Begleitung bitten? Reich mir den Arm und bring mich zum Flügel.»

Als Frank wieder ein Pferd besteigen kann, bittet ihn Irmi, mit ihr einen Ausflug zu machen. Sie nehmen auf ihren Vorschlag den gleichen Weg, den sie mit Klaus geritten ist. Sie will noch einmal auf das zurückkommen, was sie auch jetzt noch ab und zu beschäftigt. Frank wundert sich nicht, als sie davon spricht.

«‹Ich verschenke nichts, auch nicht meine Zeit, du wirst sie bezahlen müssen.› Sie sagte es in einem so haßerfüllten, beängstigenden Ton. Was mag sie damit gemeint haben?»

«Ich nehme an, sie wollte dich in ihre Pläne einweihen, dich als Mittelsperson einsetzen, dich noch weit mehr einspannen als bisher. Mit Hilfe von Lügen hätte sie dich sogar erpressen können. Sagte sie nicht: ‹Wer wird dir glauben, daß du nichts von dem Inhalt der Päckchen wußtest.› Über meinen sechsten Sinn hat die liebe Familie schon des öfteren gelästert. Immerhin hat er mich doch auch diesmal gut beraten, als er mich auf deine Fährte setzte.»

Schweigend reiten sie, da die Pferde auf dem schmalen Weg hintereinander bleiben müssen.

Jetzt kommt Frank wieder an Irmis Seite. «Etwas ganz anderes: Sonnabend Atelierbesuch! Ich bin eingeladen mit der Bedingung, meine halbe Verwandtschaft mitzubringen: Irmi und Klaus und Tessa. Eingeladen von. . .»

«Andrea!»

«Nein! Von ihrem Vater! Er gibt sich die Ehre, seinen zukünftigen Schwiegersohn zu begutachten, zu prüfen. Ich fühle mich wie vor dem Staatsexamen.»

«Mach dir keine Sorgen, ich sag' dir vor!»

Die beiden Menschen lachen und geben ihren Pferden

174

auch etwas ab von ihrer guten Laune, sie tätscheln ihnen den Hals.

«Das Leben kann unerhört schön sein», sagt Frank.

Fleißig klettern die Pferde, umgehen einen Steinbruch und tauchen unter im Laubwald. Das Gold auf Moos und Farn tanzt ohne Pause, weil der Wind es so will. Die Pferde schnauben zufrieden, sie genießen offensichtlich den hellen Tag ebenso wie ihre Reiter.

«Wie lange sind wir nicht mehr hier oben gewesen? Zwei Jahre oder mehr...»

«Damals, mit den Rädern. Wir mußten ganz schön schwitzen, den Hang hinauf.» Und heute... Wieviel liegt zwischen damals und heute! Irmi klopft Gladur den Hals: ‹Ohne dich wäre alles noch viel, viel trostloser gewesen...›

Der Blick ins Tal, auf den Fluß, der sich in hohen Waldkulissen verliert, ist immer wieder begeisternd.

«Bis hierher bin ich mit Klaus nicht gekommen.»

«Wie weit denn?»

«Bis zur Dornröschenwiese, du weißt doch, die kleine Waldwiese.»

«Ja, richtig, der Froschkönig hätte auch dorthin gepaßt.»

Hela und Gladur neigen die Köpfe, um zu erreichen, was zu ihren Füßen wächst, um eine Erfrischung zu nehmen, die sie sich verdient haben.

«Wartet, wir machen's euch bequemer.»

Die Reiter sitzen ab, lockern die Gurte, ziehen die Bügel hoch. Hela erinnert Frank an die Belohnung, an das sichtbare ‹Dankeschön›. Auch Gladur bekommt seine Möhre. Er kaut, dann schaut er in die Ferne. Irmi streicht ihm liebevoll über den Hals. «Mein Freund Gladur ist ein Poet! Sieh dir seinen Blick an, als ob er sagen wollte: Welch ein Tag!»

18 Er will von mir hören,
daß ich ihn liebe...

Mehr als ein Jahr ist vergangen. Das Gold der Forsythien ist längst nur noch Erinnerung, auch der Flieder kam und ging, jetzt regieren die Rosen mit Stacheln, Duft und schönen Farben. Sie locken – und sie bieten Bienen und Wespen das Beste. Aber heute kommt kein roter Wagen, der einen Patienten bringt. Tessa wird nicht aufgescheucht und Frau Eva nicht mehr beunruhigt durch geheimnisvolle Telephonanrufe. Irmi ist nicht mehr gereizt, nicht mehr voller Unruhe. Vom Gartenhaus bröckelt nicht mehr der Putz ab, es ist weiß und glänzt wie matte Seide. Frau Eva und Madam haben keinen Grund mehr, über das Unkraut zu stöhnen, das sich so unverschämt breit macht – jetzt machen sich die Pferde breit, und die Wiese dehnt sich aus bis an die Terrasse; kein Platz mehr für riesige Blumenbeete, in denen das Unkraut störte. Kein Werner gefährdet mehr die Harmonie und zwingt einem Lexi die schwere Bürde eines Geheimnisses auf.

Vieles hat sich geändert, und manches ist so geblieben, wie es war. Die Schallplatten drehen sich wie damals. Udo Jürgens, Roy Black, Peter Alexander, Karel Gott, Andy Williams und andere singen ihre Lieder, alte und neue. Sie seufzen und flüstern, rufen und beschwören und wissen genau, daß Sehnsucht und Romantik sich reimen, auch heute noch, in einer ‹ungereimten› Zeit.

«Mein schönster Traum, den ich geträumt, das ist der Traum mit dir», singt Tessa.

«Du hättest Sängerin werden sollen», sagt Frau Eva.

«Es ist noch nicht zu spät!» antwortet Tessa.

«Hallo! Fang auf!» Frau Eva wirft ihrer Tochter eine Praline zu.

«Danke, Mutt! Aber du sollst doch nicht! Wenn er

sieht, daß du deine Geburtstagsgeschenke wieder verteilst, gibt's Ärger.»

«Wer ‹er›?»

«Unser Playboy!»

«Aber Tessa! Wie respektlos du von deinem Vater sprichst.»

«Ach, Mutt, ist es nicht besser, respektlos tun und Respekt haben als umgekehrt?»

«Du bist – bist unverbesserlich», stöhnt Frau Eva.

Und Tessa lacht: «Denk an den Spruch, den Madam um den Tausendmarkschein gewickelt hat, den sie Irmi zur Hochzeit schenkte... denk an den Spruch: ‹Herr, gib mir den Mut, die Kraft und die Gelassenheit, Dinge zu ändern, die ich ändern kann, und Dinge hinzunehmen, die nicht zu ändern sind, und gib mir die Weisheit, Wichtiges von Unwichtigem zu unterscheiden›.»

«Oh, Tessa! Die Weisheit wäre jedem von uns nützlich.»

«Auch Andrea und Onkel Franki – sie werden sich noch ein bißchen zusammenraufen müssen, bevor sie heiraten.»

«Und wie ist es mit dem Raufen bei euch? Bei Jörg und dir?»

«Wir raufen uns auseinander... Ganz gut, daß er jetzt ‹weit vom Schuß› ist. Zu Studienzwecken in Italien, mit seinem Boß, für ein halbes Jahr...»

«Meinst du das ernst?»

«So ernst nun auch wieder nicht. Ich will noch nicht alles ernst nehmen, und das bringt ihn auf die Palme. Soll er ruhig auf der Palme sitzen bleiben für eine Weile. Übrigens, dieser sagenhafte Reiter, den ich in den Ferien bei Irmi und Klaus kennengelernt habe, hat mir geschrieben. Klaus sagt, er sei sehr in Ordnung.»

«Jürgen ist auch in Ordnung!»

«Ja, das stimmt. *Auch* in Ordnung.»

‹Diese unbeschwert wirkende, meist heitere, liebenswürdige Person, meine Tochter, weiß mit ihren siebzehn Jahren schon überraschend genau, was sie will.› – «Es gefällt dir doch immer noch sehr gut in der eleganten Boutique. Und Claudia, Frau Ferrari, meine ich, gefällt dir doch auch – nach wie vor?»

«Ja, bloß die Kundschaft geht mir allmählich auf die Nerven. Ich will nicht übertreiben, fünfzig Prozent davon. Und in einem schlichteren Milieu würde ich nach zehn Monaten wahrscheinlich auch wieder einen Haken finden, an den ich einen Wunschzettel hängen möchte.»

«Und auf dem Wunschzettel würde dann wieder stehen: Bitte eine neue Tapete.»

«Ach, Mutti, prima, daß du so schnell schaltest. Das hast du von Madam gelernt oder geerbt.»

«Wo Madam bloß bleibt?»

«Aber, Mutt, sie ist doch ein Star, und Sterne lassen sich Zeit.»

«Sterne. . . hieß das Pferd nicht ‹Star› – nein, ‹Diamant›?»

«Aber, Mutt, ‹Karat› hieß es. . .»

«Ach ja, ich entsinne mich. Man hat nie gehört, daß die Polizei in diesem Fall erfolgreich war. Diese Person muß doch äußerst geschickt gewesen sein, vorausgeplant haben. Vielleicht hatte sie aber auch Glück – ganz einfach Dusel! Schmuggel – das war ihr Job. Ein gefährlicher Job. Was mag aus ihr geworden sein?»

«Da gibt's viele Möglichkeiten: Entweder sie macht weiter krumme Geschäfte in einer anderen Branche, mit neuen Perücken, in neuem Make-up und unter neuem Namen, oder sie sitzt irgendwo in der Welt für ein paar Jährchen hinter Gittern, oder ihre Kumpane haben mit ihr ‹abgerechnet› und sie muß jetzt arbeiten unter deren Regie, oder – sie schreibt ihre Erinnerungen in ländlicher Umgebung, umrahmt von einem verwilderten Park, in Gesellschaft von Hund und Pferd, irgendwo – in Andalusien vielleicht, oder in Frankreich, in Irland

178

oder unter Afrikas heißer Sonne. Überall gibt's alte Häuser, Parks, Hunde und Pferde!»

Als sei ‹Pferde› das Stichwort, ertönt Hufgetrappel. Hoch zu Roß Madam – auf einem bildhübschen Isländer, einem Fuchs mit heller Mähne und einem herrlichen Schweif, der ihm bis auf die Hufe reicht. Neben Madam, zu beiden Seiten, zwei Shetties, geritten von dem hoffnungsvollen Nachwuchs: Isabella und Alexander Roland.

«Dieses Trio ist wirklich eine Attraktion.»

«Es war wieder prima, Mutti!» ruft Lexi.

«Es war ganz toll prima, Mutti!» ruft Bella.

Tessa, die sonst immer hinzuspringt, bleibt heute seelenruhig sitzen. Auf den erstaunten Blick ihrer Mutter sagt sie: «Siehst du, wie fein die drei jetzt schon ohne mich fertig werden. Lexi ist Kavalier und hilft seiner kleinen Schwester. Madam ist über jeden Beistand erhaben... Ich habe schon mit Klaus gesprochen. Ich möchte zu einer Islandherde. Zu einem halben Hundert... und dort die ‹Sonntagsreiter›, die ‹Ferien-Pferdefreunde› betreuen, die Leute, die aus den Städten kommen, um Pferde, die man ja von Bildern kennt und vom Bildschirm, in Wirklichkeit zu sehen, sie zu ‹erleben› in einem Abenteuer, das ‹Reiten› heißt. In einem Abenteuer, das so beklemmend fremd ist und so atemberaubend schick und dazu noch so kribbelnd ungewiß: Wird das Roß den Reiter tragen, oder wird es ihn abschütteln?»

«Aber Tessa! Diese Idee! Etwas ganz Neues! Und du findest Worte – Worte! Und du sagst das alles so nebenbei, so mal eben so... hinaus aus dem superfeinen Modesalon, hinein in die Pferdeäpfel!»

«Aber – Mutti!»

«Nein, Tessachen, das paßt mir nicht! Nicht je nach Laune von heute auf morgen den Beruf wechseln.»

«Aber Mutt! Bis mein erstes Jahr herum ist, bleibe ich natürlich. Und ich kündige früh genug, und ich frage

Claudia, ob ich wiederkommen darf. Und jetzt dürftest du mir bitte noch eine Praline schenken, zum Zeichen, daß du nicht verärgert bist.»

«Zuerst noch eine Antwort: Willst du den armen Jürgen herz- und lieblos verlassen?»

«So nicht, so tragisch... Ich will euch – dich, Vater, Madam, Lexi, Bella, Onkel Franki und seine, unsere Pferde – noch lange nicht verlassen, und deshalb bremse ich Jürgens Tempo. Ich will noch nicht heiraten, noch lange nicht! Ich hab' noch soo viel vor! Jörg ist ein wundervoller Kamerad, aber er will von mir hören, daß ich ihn liebe, daß ich ihn wahnsinnig liebe, und das kann ich ihm nicht sagen...»

Tessa springt auf und läuft über die Wiese. Mit einem Jauchzen hopst Bella ihr wie ein Federball in die ausgebreiteten Arme und hängt an ihr wie ein Klammeräffchen. Sie gehen zu dem Hengstfohlen und streicheln Helas schönen Sohn.

«Seid ihr Onkel Franki und Tante Andrea begegnet?»

«Nein, begegnet nicht... Aber wir haben sie gesehen, von ganz weit. Gladur und Hela sahen *so* klein aus.» Bella spreizt Däumchen und Zeigefinger auseinander. «Prima, daß Tante Andrea keine Angst mehr hat, nicht? Und weißt du, seit wann sie keine Angst mehr hat? Seit ich mich zu ihr in den Sattel gesetzt habe.»

«Wirklich?»

«Ganz wirklich!»

«Du bist ja eine...»

«Verflixte Puppe», hilft Bella aus. «Und heute abend liest du mir nochmal die Geschichte vor, die von dem schönen Schimmel, der auch Gladur heißt, und dem netten Jungen, und von dem gefährlichen, eisigkalten Fluß, durch den sie durchmußten. Aber der Gladur hat es geschafft, nicht? Und dann waren die beiden glücklich.»